TRINITY

MANDAKINI
Christiana Jacobsen

DIE LIEBE UMARMT ALLES

Innerer Halt in turbulenten Zeiten

TRINITY

MIX
Papier aus verantwortungsvollen Quellen
FSC® C014889
www.fsc.org

1. Auflage
Originalausgabe

Umschlaggestaltung: Guter Punkt, München,
unter Verwendung eines Fotos von Seelenportrait
Layout und Satz: Danai Afrati & Robert Gigler, München
Druck und Bindung: Pustet, Regensburg
ISBN 978-3-95550-280-5

www.trinity-verlag.de

INHALT

EINLEITUNG

Dieses Buch ist für SIE!

Dieses Buch und die dazugehörige **Meditations-CD** sind für alle Menschen jeglicher Altersstufen gedacht, die bewusst etwas für ihre Gesundheit, Balance und Potenzialentwicklung tun möchten.

Das »Tun im Nicht-Tun« fällt sehr vielen Menschen schwer. Der Alltag, alte Gewohnheiten, Stressmuster und ein hohes Maß an Informationsüberflutung auf allerlei Kanälen halten uns im Bann des ewigen Tuns. Doch in der Kunst des bewussten Fühlens, im Langsamerwerden, in der Hingabe an das, was ist, sowie im Verweilen an besonderen Orten, erfahren wir ein heilsames Gesunden und tiefe, innere Balance. Doch dazu mehr im umfassenden Übungs- und Praxisteil dieses Buchs.

Geben wir dem Körper und der Seele Zeit zum Durchatmen, zum Aufrichten und Zeit zum Entladen alter, angehaltener Bewegungen, die durch Stress oder Traumata im Körper als »feste« Energie spürbar werden, dann kann die natürliche Selbstregulation wieder möglich sein. Mit diesem Buch – zugleich auch

Ihrem neuen Kraftbuch – können Sie als Leserin und Leser praktische Wege kennen- und verstehen lernen, wie Selbstfürsorge, innerer Halt, Entladungen und vor allem Ressourcenbildung, die Sie zu neuer Kraft, Ruhe, Balance und Mitte führen!

Anhand der Fragen zur Selbstanalyse und der vielen praktischen Übungen, einschließlich der Meditations-CD »Innerer Halt in turbulenten Zeiten«, werden Sie an die Hand genommen, um leichter und tiefer zu sich selbst zu finden und innere Stabilität zu erfahren. Auch für Menschen in therapeutischen und gesundheitsfördernden Berufen und Bereichen, wie Yoga, Osteopathie, Cranio, Fitness etc., sind zahlreiche Anregungen für den Berufsalltag vorhanden.

Die CD ist einsetzbar in Heilpraxen, Yogastunden, Sozialpädagogischen Einrichtungen, Seminarhäusern, Wellnesshotels sowie in psychosomatischen Kliniken. Diese Meditation begleitet Menschen auf dem Weg zu sich selbst und stärkt ihren Genesungs- und Entwicklungsprozess. So können sie das bewusste Spüren im Körper als heilsamen Weg erlernen.

Noch ein Hinweis: Aufgrund der besseren Lesbarkeit verwende ich meistens nur die männliche oder die weibliche Form und Anrede. Selbstverständlich sind Sie alle – meine Leserinnen und meine Leser – immer von Herzen angesprochen.

Warum ich dieses Buch geschrieben habe

Liebe Leserinnen, liebe Leser, es ist mir eine große Freude, Ihnen heute ein Buch überreichen zu können, in dem ich meine Erfahrungen aus 30 Jahren Coaching & Seminar-Praxis mit Ihnen teilen kann. Die Begleitung von sehr vielen Menschen auf ihrem Weg zu sich selbst hat mein Herz sehr oft zutiefst berührt und berührt es immer wieder. Ebenso die vielen bewegenden Schicksale. Jede einzelne Begegnung mit meinen Klienten und Schülern hat auch meinen persönlichen sowie beruflichen Horizont stetig erweitert. Die einmalige Schönheit in jedem Mann, in jeder Frau zu sehen, die ich an die Hand nehmen durfte, um sie ein Stück des Weges zu begleiten, hat mich sehr bewegt. Es ist ein Glück, zu sehen, wie individuell jeder Mensch seine Krisen in Chancen verwandeln kann! Ebenso bereichernd und freudvoll ist auch meine langjährige Arbeit im Paar-Coaching sowie in den Weiterbildungsseminaren zum Lifetrainer & Coach.

Mit diesem Buch möchte ich auch Sie an die Hand nehmen, ein Stück auf Ihrem Weg mitgehen und Sie einladen, Perspektiven zu ändern. Ich möchte Sie ermuntern zu einer selbstverantwortlichen, neuen Entwicklung, in der Sie die Herausforderungen, Engpässe und schweren Schicksalserfahrungen leichter nehmen können und dabei lernen, mit ihnen auf neue Weise zu leben.

Die Liebe dient uns dabei als wichtigste Basis.

Ich selbst habe in meinem eigenen Schicksal sehr viele tiefgehende Veränderungen und turbulente Zeiten durchlebt und transformiert, also verwandelt. Besonders früh wurde ich durch einen schweren Unfall meiner Mutter, die zum Glück überlebt hat und heute 91 Jahre alt ist, mit dem Thema Tod konfrontiert. Sie kam mit einem Bein nach Hause zurück. Vieles in unserem Familienleben hat sich dadurch für sie und für uns sechs Kinder stark verändert. Als junge Frau erlebte ich dann drei Fehlgeburten, und wieder musste ich mit schmerzhaften Erfahrungen umgehen lernen, sie zur Heilung bringen und in mein Leben integrieren. Solche traumatischen Erlebnisse beeinflussen unsere Entwicklung sehr und lassen uns letztlich daran reifen, wie der Dichter Hölderlin schrieb:

»Wo Gefahr ist,
wächst das Rettende mit!«[1]

Mit diesem Buch stelle ich Ihnen ganz in diesem Sinne auch viele Ressourcen, Kraftübungen, exemplarische Berichte sowie Instrumente zur Selbstreflexion zur Verfügung, um Ihnen das Weitergehen in turbulenten Zeiten zu erleichtern oder den Horizont Ihres Potenzials zu erweitern. Lassen Sie sich überraschen, wie eine vergleichsweise kleine Übung oder Meditation Großes bewegen kann. Neue Bewusstseinserfahrungen können große Veränderungen in Gang setzen. Diese Wunder der Verwandlung und Transformation darf ich in Coachings und Seminaren immer wieder erleben. Zum Beispiel bei Paaren, die sich kurz vor der Scheidung fühlten und vor lauter inneren und äußeren Krisen keine gemeinsame Zukunft mehr sehen konnten. Sie wunderten sich, wie sie schon nach wenigen Paar-Coaching-Einheiten glücklich und dankbar neue Möglichkeiten entdeckten, ihre Ehe doch weiterzuleben.

Solche Augenblicke sind dann immer sehr bewegend, und umso mehr motiviert es mich, Ihnen, liebe Leserinnen, liebe Leser, viele Inspirationen zu geben und Bewusstseinsschritte zu eröffnen. Mögen diese Ihnen dienen, in der herausfordernden Situation eine Chance für Ihre persönliche Reifung, Heilung und Ihr spirituelles Wachstum zu erkennen.

Noch ein Hinweis! Dieses sehr praxisnahe Buch ersetzt nicht die professionelle Hilfe durch einen Arzt, Berater, Psychologen oder Coach. Wenn Sie beispielweise an einer lang andauernden Krankheit oder schweren Depression leiden, brauchen Sie natürlich auch ärztliche und therapeutische Unterstützung! Vielleicht kann dieses Buch darüber hinaus auch in solchen Phasen ein helfender Begleiter für Sie sein und erinnert Sie an die eigenen schöpferischen Fähigkeiten in Ihrem Inneren. Das würde mich sehr freuen.

Es gibt zudem zahlreiche Beispiele in der Literatur, auch von schwerkranken Menschen, die durch ihre Reifung, Bewusstwerdung und Entscheidungskraft wieder gesund werden konnten. Bewusstseinsübungen, kleine Meditationen, positive Gedanken können wichtige Impulse für die Seele sein und manchmal sogar ein tiefer Antrieb, dass die Seele zurückfindet ins Leben!

Ein lieber Freund war mit Anfang 20 schwer an Krebs erkrankt. Die erste Chemotherapie wurde durchgeführt, und er hatte innerlich mehr den Blick auf den Tod als auf sein Leben gerichtet. Dank der liebevollen Begleitung eines Freundes, der ihm zur Seite stand, konnte er wieder Schritt für Schritt aus seiner »Todessehnsucht« herausfinden und sich für ein neues, kraftvolles Leben entscheiden. Er arbeitete mit ihm unter anderem an Fragen wie:

Welcher Teil in dir möchte sterben?
Welche Kräfte in dir schauen auf das Leben?

Dadurch konnten die Selbstheilungskräfte wieder in Gang kommen. Seine Heilung, die auch durch weitere alternative Heilmethoden geschah, schenkte ihm eine zweite Lebenschance. Er steht heute kraftvoll im Leben und lebt voller Liebe und Dankbarkeit seine Berufung.

Liebe Leserinnen und Leser, solche existenziellen Erlebnisse haben Sie vielleicht auch schon in Ihrem Familien- oder Freundeskreis erlebt. Ebenso die Tiefe, die darin steckt, so ein Wunder der Rückkehr ins Leben miterleben zu dürfen. Bei aller Bewusstheit und Liebeskraft ist und bleibt jegliche Heilung – meiner Erfahrung nach – eine Gnade Gottes. Wir selbst bereiten den Raum dafür vor und entscheiden uns bewusst, die Heilung geschehen zu lassen. Wichtig ist dabei auch die Erkenntnis: Worauf wir unsere Aufmerksamkeit lenken, das wird groß! Auch das haben Sie sicher schon einmal erfahren.

Bewusstseinsarbeit, Eigenreflexion und das Lernen heilsamen, bewussten Spürens in der Gegenwart ist mir daher auch ein

Herzensanliegen, das ich weiter in die Welt tragen möchte. Möge es vielen Menschen die Chance geben, sich ihrem Entfaltungsprozess zu öffnen und ihre Potenziale zu entwickeln. Sobald alte, festgehaltene Energie, die durch unverarbeitetes Schicksal sowie durch kleinere oder größere Schocks entstehen kann, zum Fließen kommt, kann Leben wieder freudig und köstlich sein. Selbst wenn es um einen herum noch recht turbulent zugeht. Und auf dieser Erde gibt es ja so viele turbulente Ereignisse, dass wir es kaum fassen können.

Wenn wir Menschen also selbstverantwortlich für unseren inneren Frieden sorgen und uns mehr und mehr in diese Richtung entwickeln, können auch mehr Bewusstsein auf der Erde insgesamt wachsen und der Frieden und die bedingungslose Liebe sich ausbreiten.

Meine Begleiter auf dem Weg zur bedingungslosen Liebe

Meine Eltern haben mir sehr viel Wertschätzung und Liebe gegeben, und auch die intensive aktive Friedensarbeit meines Vaters hat meinen Weg bereits in jungen Jahren mitgeprägt. Dazu später noch etwas mehr. Ein weiterer wichtiger Mensch und ein großes Vorbild für mich war meine Großtante Trude, die 108 Jahre alt wurde. Sie zeigte mir mit ihrem So-Sein, wie wir täglich alles mit Liebe umarmen können. Sie durchschritt – bis ins hohe Alter – viele schwere Phasen in ihrem Leben. Doch sie umarmte alles mit Liebe. Den frühen Tod ihres im Krieg gefallenen Mannes, fünf Söhne, die sie alleine großzog, sie war als Lehrerin tätig, und auch im hohen Alter übte sie sich in der liebevollen Umarmung, indem sie alles – etwas Sehen, etwas Hören, etwas Schmecken – annahm und anerkannte. Ihr Fokus war ausschließlich auf das gerichtet, was noch möglich war, anstatt auf das, was von ihr ging – Sehstärke, Hörvermögen und viele nahe Menschen, auch jüngere. Noch wenige Tage vor ihrem Tod konnte sie ihre innere Freude ausdrücken – sie lächelte, als ich ihr Blumen brachte – sie konnte sie noch riechen – und für einen Augenblick strahlte wieder ihr besonderer Gesichtsausdruck, der mich immer tief berührte. Sie hatte wahrlich ALLES angenommen, wie und was es war. Sie ist in meinem Herzen stetig eine große Lehrmeisterin, die oft sagte: »Wenn wir auf die Menschen schauen, die das schon leben, wo wir hinmöchten, zieht das Leben uns dorthin.« Dieser wundervolle Gedanke von ihr ebnet uns den Weg in die neue Kraft.

Selbst oder gerade in den scheinbar »haltlosen« Zeiten lernen wir, der Liebe vollständig Raum zu geben! Das Ego ist durch »Körperschwäche« runtergefahren und zu Tage tritt das, was wir wirklich sind: »Liebe auf zwei Beinen.«

Auch durch die sehr frühe Begegnung mit Osho erfuhr ich durch seine Gnade und bedingungslose Liebe eine große Wandlung. Ich durfte schon mit 24 Jahren in Durlach bei Karlsruhe ein Osho Zentrum leiten, das den schönen Namen Amritam (Nektar) hatte. Durch den inneren Kontakt mit Osho erwachte in mir meine Medialität, und es geschahen Phänomene durch mich, die meine intellektuellen Konzepte aus der Herkunftsfamilie erschütterten und schließlich transformierten. Ich wusste plötzlich Dinge, die ich nicht gelernt hatte, leitete früh Gruppen, in denen ich Zugang zum göttlichen Wissen erhielt. Durch Osho erfuhr ich, wie es ist, bedingungslos geliebt zu sein – so wie ich war, angenommen im tiefsten Herzen! Das war eine der größten Ressourcen meines Lebens. Eine Liebeserfahrung ohne Worte. Er erkannte mich in meiner tiefsten Seele.

So lernte ich, dank verschiedener spiritueller Lehrer und Begegnungen, die größte Heilkraft kennen, die es gibt – die bedingungslose Liebe! In meiner nun 30-jährigen Arbeit und Begegnung mit Menschen erlebe ich diesen Heilungsschlüssel immer wieder als den größten. Indem ich mein Gegenüber so annehme, wie es in dem Moment ist, mit seinem ganzen Schicksal – fließt Liebe, Mitgefühl und Geborgenheit. So kann die Selbstliebe auch in ihm reifen. In diesem Angenommensein fühlen wir tiefen inneren Halt.

Osho hat mir damals eine große Brücke zu Gott gebaut, und diese wunderbare Anbindung und Medialität ist mit meiner Entwicklung und durch die zahlreichen Ausbildungen stetig gereift. Ein wertvolles Geschenk des Lebens!

Wie bei vielen Menschen verlief mein eigenes Leben nicht in einer geraden Linie, sondern war stetigem Wandel unterlegen, eine Reise durch verschiedene farbenfrohe Landschaften. Allein die vielen Umzüge in meinem 60-jährigen Leben hatten ihre große Kraft, mich in Flexibilität und schöpferischen Fähigkeiten zu schulen, da jedem Anfang ein Zauber innewohnte. Erst in meiner systemischen Ausbildung erkannte ich die Ursache meiner vielen Wechsel, der tiefen Suche und Rastlosigkeit. Es war die Suche nach den vergessenen Ahnen, der nicht geachteten oder früh verstorbenen, die mich unbewusst »auf Trab« hielten.

Wenn wir den Blick durch die systemische Brille schulen, erkennen wir sehr oft die Zusammenhänge unserer »Nöte« in Bezug auf das Schicksal unserer Familien, oft sogar weit in der Zeit zurück. Dafür ist die professionelle Aufstellungsarbeit eine große Bereicherung in der Coaching-Praxis.

Obwohl ich durch die Verstrickungen viel Wunderbares gelernt hatte, war ich froh, als nach dieser Erkenntnis mehr Ruhe und Mitte in mein Leben einkehrten, ich innerlich an meinen Platz kam und somit auch tatsächlich – am Bodensee – eine Heimat fand.

Immer tiefer wuchs in mir das Verlangen, mich selbst und andere besser zu verstehen, und das führte mich zum persönlichen und beruflichen Wachstum und zur Arbeit mit Menschen: Sowohl in der jahrzehntelangen Arbeit mit NLP-Ausbildungsgruppen als auch in zahlreichen Einzel- und Paarcoachings und vielen offenen Seminaren, darunter auch firmeninterne, wurde es mir immer mehr ein Bedürfnis, das bewusste Fühlen, die spirituelle Dimension sowie die Arbeit aus der Stille zu integrieren. Der Fokus meiner Arbeit ist immer die Ressourcenarbeit und legt keinen Wert darauf, in alten, vergangenen, schmerzhaften Geschichten zu wühlen.

Die Schwerpunkte meiner Arbeit schöpfe ich aus sehr unterschiedlichen Ausbildungen: Als NLP-Lehrtrainerin kam ich nach zehn Jahren Lehrtätigkeit an die Grenzen dieser Methode und öffnete mich mehr und mehr der medialen, spirituellen Arbeit. Hinzu kamen viele Lehrjahre in der systemischen Aufstellungsarbeit, in der mein Blick sehr erweitert wurde auf die komplexen Zusammenhänge unserer »Nöte« aus dem Familienschicksal.

Durch stetige spirituelle und feinstoffliche Schulungen öffnete sich auch immer mehr mein innerer Horizont für die geistige Welt und ihre große Unterstützung in meiner Arbeit. Jedes erlernte Werkzeug dient mir heute in der tiefen Transformations- und Bewusstseinsarbeit mit Menschen.

Und jedes Mal ist es ein Wunder, wie sich die Seminararbeit immer mehr aus der Stille, dem Raum der Leerheit entwickelt. Für diese wundervolle göttliche Unterstützung bin ich zutiefst dankbar. Absichtslos, frei von Gedanken, das zu erlauben, was da sein möchte, es liebend anzunehmen und tief auf die Bewegungen des Lebens zu vertrauen – das ist die Essenz meiner Erfahrungen und Lehre.

Erst als ich durch eigene Ausbildungsschritte und SE-Supervisionen (Somatic Experiencing) nach Dr. Peter Levine die großen Möglichkeiten und die Schönheit dieser besonderen Heilarbeit erkannte, integrierte ich diese auch in meine Einzel-, Paar- und Gruppenarbeit. Durch jahrzehntelange tiefe Erfahrungen im Begleiten von Menschen durch die Stürme des Lebens erweist sich für mich die natürliche Methode der SE-Arbeit in Verbindung mit der göttlichen Heilkraft als eine der effektivsten. Bis heute ist es jedes Mal eine große Freude für mich zu sehen, wie meine Schüler und Klienten sich von ihrer unverarbeiteten Vergangenheit lösen und ihre Kraft in die Gegenwart zurückholen. Denn große Mengen unserer Energie, die wir zum Leben brauchen und zur Entfaltung unserer Ressourcen und Potenziale, stehen uns nicht ausreichend zur Verfügung, wenn unsere unbewusste Aufmerksamkeit in der Vergangenheit stecken geblieben ist.

So hoffe ich sehr, dass ich Ihnen auch mit diesem Buch viele Anregungen und Impulse mit auf Ihren Weg geben kann, ein neues Bewusstsein vermittle, Ihre »Altlasten« zu erkennen und aufzulösen, um alle Energie für Ihr Leben in der Gegenwart, im Hier und Jetzt, zurückzugewinnen. In turbulenten Zeiten, in denen uns manchmal der Kopf schwirrt und wir zum Beispiel durch eine persönliche schwere Diagnose vom Arzt die Orientierung fast verlieren, brauchen wir kraftvolle Perspektiven, Impulse, inneren Halt, Geborgenheit und Ermutigungen, die guttun und uns Liebe, Sicherheit und Mitgefühl schenken.

Beispiel aus meiner Coaching-Praxis

Peter A. kam für ein berufliches Coaching zu mir und wollte sich Klarheit verschaffen, ob er noch weiterhin in seinem Beruf als Finanzexperte arbeiten wollte oder sich auf andere neue Wege ausrichten sollte. Ein Herzinfarkt lag zwei Jahre zurück, und obwohl er ihn aus medizinischer Sicht gut überstanden hatte, fühlte er sich oft nicht wohl, und der Schrecken von damals tauchte immer wieder auf, als Angstgefühl im Körper, auch in seinem beruflichen Alltag.

Achtsam und mit liebevoller Aufmerksamkeit begleitete ich ihn in seinen ressourcenreichen Zustand, damit er wieder seine

Füße auf dem Boden spüren konnte und sein Nervensystem Zeit zur Entladung der alten, festgehaltenen Bewegung bekam. Interessant waren für ihn die wundersamen »Hitzewallungen«, die er bei diesem Kontakt mit sich selbst erlebte. So konnte er eine neue Form der Entladung für sich kennenlernen. Bei dieser – für Männer eher untypischen – heißen Heilungswelle konnte der Stress, der bisher im Nervensystem gebunden war, nun freigesetzt werden.

Aus der SE-Arbeit mit Peter Levine und Brigitte Bauer Höfer kenne ich selbst sehr gut diese Hitzewallungen als Entladungsphänomene. Für viele ist es anfangs oft ungewohnt, mit diesen Körperereignissen und -reaktionen umzugehen, und deshalb zeigen sie zunächst eine gewisse Scham, wenn die ersten Tränen fließen. Ich ermutige meine Klienten dann immer sehr, diesen wunderbaren Körperbewegungen Raum zu schenken und sie liebevoll anzunehmen.

Ein Klient kam sogar mehrere Male in meine Aufstellungsseminare, »nur« um die ungeweinten Tränen seiner so zahlreich verstorbenen Familienmitglieder »abzuweinen«. Er fühlte sich von Mal zu Mal befreiter und kam so mehr und mehr bei sich selbst an. Als ich ihm erklärte, dass Traumen auch über Generationen weitergegeben werden können, berichtete er mir von den vielen schweren Augenblicken seiner Großeltern während der Flucht im Krieg und den vielen verstorbenen Verwandten, die diese Zeit nicht überlebt hatten. Diese Energie und die nicht verarbeitete

Trauer seiner Ahnen trug er noch immer in sich und weiter, auch nach Jahrzehnten, da die traumatische Erinnerung noch im Feld des Familiensystems und im Körpergedächtnis gespeichert war. Ich bewunderte seine Kraft und den Mut, wie er sich Stück für Stück aus all diesen schmerzvollen Verstrickungen lösen konnte. Heute ist er ein mitfühlender, froher Mann, der in seinem beruflichen Umfeld vielen die Hand reicht auf dem Weg zur inneren Mitte.

Liebe Leserinnen und liebe Leser, gönnen Sie sich jetzt gerne eine kleine Nachdenk-Pause, legen Sie Ihre Lieblingsmusik auf, trinken vielleicht etwas Warmes, dann lehnen Sie sich für einen Augenblick zurück und fragen sich doch mal selbst:

- *Was bringt Sie selbst in Situationen, in denen Sie sich innerlich stark und gehalten fühlen?*
- *Welche Menschen waren für Sie wunderbare Vorbilder, die Ihnen Mut geschenkt haben, auch schwerste Herausforderungen und Lebenssituationen mit Liebe zu umarmen?*

Mit diesem Buch möchte ich Sie ermutigen und inspirieren, auf Ihre individuelle Weise all das, was in Ihrem Leben geschieht, mit Liebe zu umarmen.

Ihre Christiana Mandakini Jacobsen

Krisen in Chancen wandeln

Je größer, digitaler, globaler und virtueller unsere Welt wird, desto größer wird auch unsere Sehnsucht nach Sicherheit, Schutz, innerem Halt, Vertrauen und Liebe. Welche Engpässe oder Herausforderungen Ihr Leben gerade berührt – die innewohnende Kraft reift mit jeder Situation, die Sie gemeistert haben. Was immer Ihnen Halt im Außen gegeben hat, ist nicht auf Dauer zuverlässig. Die gute Nachricht ist: Der Weg nach innen ist der wunderbarste »wahre Halt«, den Sie brauchen, um mit den Stürmen und Veränderungen in Ihrem Leben zurechtzukommen und in Ihren Lebensfluss zurückzufinden.

Das »Rettende«, wie es ja auch Hölderlin beschreibt, ist die Transformation, die Verwandlung, und diese kommt von einer neuen Ebene: dem Bewusstsein der Neuen Zeit und dem bewussten Fühlen in der Gegenwart. Das »Rettende« kommt also auch durch die neue innere Brille, durch die wir schauen. So entdecken wir vielleicht die Wunder in der Situation, in der wir sind. Der innere Fokus verändert sich, die Bewertungen werden losgelassen, staunend schauen wir wie ein Kind, das zum ersten Mal die Welt entdeckt – wertfrei und lebendig!

In jedem Augenblick entdecken wir die Erkenntnis dessen, was wir lernen möchten, in dieser Erfahrung, in der wir sind. Und plötzlich kommen uns, durch die neue Perspektive, die innere Ruhe und die Anbindung an das höhere Bewusstsein, ganz frische Gedanken, die uns neue Einsichten und Ideen schenken, somit auch wertvolle

Lösungen und Erkenntnisse, wie wir die Stürme des Lebens annehmen und bewältigen können. Erst in einer uns als ausweglos erscheinenden Situation wachsen wir oft über uns selbst hinaus.

Wir alle kennen das: Wenn im Innen der Halt fehlt in stürmischen Zeiten, wächst wiederum der Zusammenhalt im Außen – mit anderen Menschen. Bei Naturkatastrophen können wir dies ebenso beobachten wie bei persönlichen Schicksalsschlägen: wie Menschen plötzlich zusammenfinden und sich gegenseitig unterstützen und helfen. In bedingungsloser Liebe, die keine Fragen stellt.

Reflexion »Innerer Halt«

Wie können Sie selbst dazu beitragen, in den verschiedenen Lebensbereichen Ihren inneren Halt zu finden?

Stellen Sie sich motivierende Fragen, um den Weg in ein neues, bewusstes Erkennen zu ebnen. Hier habe ich für Sie einige Beispiele zusammengestellt:

Wie können Sie Ihren inneren Halt wahrnehmen? Ist es ein warmes Gefühl im Bauch, eine Leichtigkeit oder Stabilität in den Beinen? Atmen Sie einmal tief ein und aus, und erlauben Sie sich, Ihren Körper in diesem Moment bewusst wahrzunehmen.

Welche turbulenten Zeiten kennen und empfinden Sie im Innen und Außen Ihres Lebens? Wann und wie entstehen diese eigentlich?

Was tut Ihnen dann gut? Was können Sie achtsam und bewusst tun, damit Sie sich innerlich stabilisieren?

Welche Impulse dienen Ihrer eigenen Geborgenheit? Ein warmes Wohlfühlbad, ein Telefonat mit einer lieben Freundin, Ihre Lieblingsspeise oder ein bestimmtes Musikstück, das Ihnen Geborgenheit vermittelt?

Was könnte Ihnen dabei helfen, eine neue Betrachtungsweise in der turbulenten Situation einzunehmen?

Haben Sie sich schon einmal gefragt, wie Sie selbst gut für sich sorgen können? Was tut Ihnen wirklich gut? In welchen Situationen haben Sie das Gefühl, bei sich zu sein, und wann sind Sie innerlich ruhig?

Wie haben Sie frühere Lebenssituationen gut gemeistert? Was konnten Sie dabei wahrnehmen – im inneren Sehen, Hören, Fühlen, Riechen und Schmecken?

Wann und wo wurden Sie in wichtigen Situationen »gehalten« in Ihrem Leben?

Wie haben Sie Liebe, Wertschätzungen und Umarmungen schon positiv erlebt?

Bei wem haben Sie bisher am meisten inneren Halt erfahren (Eltern, Großeltern, Lehrer, auch spirituelle Lehrer, Partner, Freunde, Haustier, Schutzengel)?

Was erleben Sie als Quelle der inneren Kraft?

Was stimmt Sie froh, ruhig, gestärkt?

Was schenkt Ihnen wirklich tiefe Geborgenheit?

Welche Erfahrungen haben Sie bereits mit der Kraft der Stille gemacht?

1. TURBULENTE ZEITEN UND WIE SIE ENTSTEHEN IM INNEN UND AUSSEN

Was ich in diesem ersten Überblick schreibe, ist Ihnen sicherlich nicht ganz neu, denn turbulente Zeiten hat jeder Mensch schon in seinem Leben durchlebt. Wichtig ist dabei zu wissen: Wir steuern mit unserer Gedankenkraft selbst bestimmte Zustände und erzeugen damit bestimmte Energien in unserem Leben. Dementsprechend fühlen wir uns manchmal stark und selbstsicher und dann wieder haltlos und schwach. Durch negatives Denken und Ängste engen wir uns selbst und andere ein. Diese Enge kennen wir alle, sie ist dann sogar im Körper oft zu spüren. Atmen wir durch und gehen mit unseren Gedanken zu kraftvollen Wahrnehmungen, lernen wir, den inneren Körper richtig zu spüren. So gewinnen wir mehr inneren Halt und Balance.

Wenn wir bei einem Treffen mit Freunden ausschließlich über schlechte Erfahrungen und Ereignisse erzählen, sind wir danach spürbar müde und ausgelaugt. Damit verlassen wir unsere innere Mitte und fühlen uns eventuell sogar haltlos. Wenn Sie als Eltern immer wieder über Ihre »Sorgenkinder« sprechen, entwickelt sich für das Kind ein schweres »Muster«, das manchmal ein Leben lang für diesen Menschen im Inneren weiterwirkt, sofern er es nicht selbst transformiert hat. Uns alle prägen alte Glaubensmuster und -sätze über uns selbst und natürlich auch Vergleiche mit anderen. Sehen wir andere Menschen als stärker an, schwächen wir uns damit selbst. Erlauben wir uns hingegen wahrzunehmen, dass jeder Mensch seine individuellen Formen des inneren Halts hat, schenken wir uns damit die Kraft, selbst in die innere Stabilität zu gelangen.

Natürlich erleben wir auch unangenehme Gefühle, Unruhe, Hilf- und Haltlosigkeit, die von außen auf uns einstürmen. Oft erkennen wir dann, dass diese Erfahrungen uns ebenfalls »dienen« können, um eigene innere Unruhen zu erkennen und diese mit Liebe in unserem Inneren zu umarmen, sprich zur Heilung und Integration zu führen.

Was spiegeln Ihnen diese Unruhen?
Welche Unruhe will sich in Ihnen lösen und heilen?

Zu den äußeren Einflüssen auf unser Wohlbefinden und Sein gehören natürlich auch globale Phänomene, wie beispielsweise der Klimawandel, der große Veränderungen und Herausforderungen für unsere Erde nach sich zieht. Wir alle sind davon betroffen, können uns dem nicht entziehen und sind aufgefordert, uns aktiv unserer Mutter Erde und ihrer Heilung zu widmen. Jeder an seinem Platz, mit seinen Möglichkeiten. Unsere Nachbarn kümmern sich zum Beispiel liebevoll um einen großen Bienenstock. Denn ohne Bienen gibt es keine gesunde Natur und keine Ernte. Jeder kleine Schritt ist wichtig, denn unsere Umwelt stärkt uns Menschen und gibt uns ebenfalls innere Kraft.

Sie kennen das vielleicht, wenn Sie durch den Wald laufen: In einem Wald fühlen Sie Halt, Geborgenheit und ein Gefühl von Stärkung, und in einem anderen Wald, der sehr geschädigt ist, sind es eher beklemmende Gefühle, die Sie erreichen.

Hier passt auch die Geschichte von zwei balinesischen Mädchen, die es alleine geschafft haben, ein ganzes Volk zu motivieren, keine Plastiktüten mehr zu benutzen, damit sich die Strände und Meere in Bali regenerieren können. Wo immer wir die Natur stärken, hat es Auswirkungen auf uns alle auf diesem Planeten. Die Natur braucht uns und wir sie. Beleben wir die Natur, stärken wir uns selbst. Denn wir sind ein Teil von ihr.

Unser innerer Halt ist in Resonanz mit der äußeren Welt und umgekehrt. Ich beobachte es in meiner eigenen Entwicklung, in der ich hoffentlich stetig voranschreite. Je stabiler ich in vielen Situationen geworden bin, umso aktiver konnte ich andere Menschen durch die Stürme des Lebens in ihre eigene Kraft begleiten. Je mehr der eigene innere Halt da war, umso intensiver wurde das Leben.

Interessant für mich ist es jedoch zurzeit zu beobachten, dass in bestimmten Lebensphasen unterschiedliche »Unsicherheiten« auftreten können. Wenn wir älter werden, greifen neue Glaubensmuster, die teilweise durch Sätze wie »Ach, jetzt im Alter ist es normal, dieses oder jenes Leiden zu bekommen.« verstärkt werden.

Immer wieder tauchen neue Herausforderungen in unserem Leben auf, und wir dürfen lernen, stabil den inneren Halt wieder neu zu fühlen. Wenn ein geliebter Mensch aus unserem Leben geht oder stirbt, erleben wir ebenfalls ein tiefes Verlassensein und damit oft verbundene Gefühle von Haltlosigkeit.

Oder vielleicht haben Sie immer im großen Familienverbund gelebt und nie die Erfahrung gemacht, allein zu leben und zu sein und nach Ihren Bedürfnissen zu schauen. Dann kann es sein, dass Sie in dem Moment, in dem die Kinder aus dem Haus gehen, zunächst Haltlosigkeit empfinden. Obwohl Sie für Ihre Kinder immer die starke Mutter, der starke Vater waren, können Sie jetzt für sich selbst nicht stark sein. Durch diese neue Situation werden innere Trigger berührt, die deutlich machen, dass es an der Zeit ist, etwas anderes aufzuarbeiten.

In meiner systemischen Arbeit kann ich immer wieder sehen, dass wir oft noch kollektive und übernommene Ängste und Gefühle von anderen Generationen in uns tragen. Je nach Lebensereignis können diese angetriggert, also ausgelöst werden, sodass wir uns plötzlich in haltlosen inneren Zuständen wiederfinden. Auch Krieg, Flucht, politische Unruhen wirken auf uns und unseren Halt.

Beispiel aus meiner Coaching-Praxis

Eine Klientin von mir erlebte eine ständige Hilflosigkeit, vor allem im verbalen Ausdruck. Es fiel ihr schwer, ihre Gefühle und Befindlichkeiten auszusprechen. Sie »schluckte« sehr viel runter. Als wir systemisch ihre Vergangenheit mit den Augen der Liebe betrachteten, konnte sie erkennen, dass die Gefühle ihrer Mutter während der Flucht noch in ihrem Zellsystem »steckten«, sie diese unbewusst übernommen hatte und weiterlebte. Sie erzählte mir, dass ihre Mutter bei Nacht und Nebel geflohen war und an der Grenze keinen einzigen Ton von sich geben durfte, damit ihr Leben nicht in Gefahr wäre. Dieses Verhalten hat ihre Mutter zum Überleben gebraucht. Aber für ihre Tochter gab es keinen Grund, ihre Stimme und Ausdrucksweise so zurückzunehmen. Nach dieser Erkenntnis, einigen Bewusstseinsschritten und heilenden Entladungen aus ihrem Körper kam ihr verbaler Ausdruck in den Fluss. Gleichzeitig fühlte sie einen starken neuen Halt in sich selbst, und vor allem hatte sie ein neues Körperempfinden.

So können uns viele Situationen und Veränderungen in unserem Leben herausfordern und auch manchmal überfordern, seien es Umzüge, Neuanfänge, Verlust, Krankheit, Scheidung, Gewalterfahrungen. Erweitern Sie Ihren Horizont, und gönnen Sie sich professionelle Unterstützung, um Ihren Fokus wieder neu auf Ihre Potenziale richten zu können. Mit den folgenden Beispielen aus unserem Alltagsverhalten möchte ich Sie sensibilisieren und wachsam machen, zu erkennen, dass wir es oft selbst sind, die turbulente Situationen entstehen lassen. Ich lade Sie ein, achtsam hinzuschauen, ob Sie sich in den folgenden Sätzen wiedererkennen:

- Ich wache auf und denke sorgenvoll an den bevorstehenden Tag.
- Ich lese regelmäßig alle Schreckensmeldungen und schlechten Nachrichten in der Zeitung oder schaue diese im Fernsehen an.
- Ich stelle die Kaffeemaschine an, höre einen Radiotalk, checke dabei noch schnell die Nachrichten auf dem Handy, während die Kinder oder Gäste bereits am Tisch sitzen und warten. – Eine Unmenge vieler Sinneseindrücke und Informationen strömen dann gleichzeitig auf Sie ein. Ihr Nervensystem wird überflutet.
- Ich vergleiche mich ständig mit anderen Kollegen, die ich für erfolgreicher halte, und bestätige mir immer wieder einen alten Glaubenssatz: »So wie der das macht, kann ich das nicht!«
- Ich denke mit Sorgengefühlen an meine Kinder, die Schule, Konflikte mit Freunden usw. und vergesse darüber ganz ihre Anbindung an das göttliche Selbst und das Getragensein. Ich kann das Vertrauen in das Leben nicht mehr spüren.
- Ich schlucke vieles runter. Mit der Folge, dass meine inneren Bewegungen »einfrieren«.
- Ich habe immer das Gefühl, kämpfen zu müssen, und erlaube mir selten Situationen, die mir Freude machen.
- Ich lenke meine Aufmerksamkeit immer wieder auf Probleme und Schwierigkeiten, wodurch diese noch größer werden und an Bedeutung zunehmen.
- Ich sitze viel, liege viel, bewege mich zu wenig.

- Ich übernehme Schicksal, Schmerz und Trauer von anderen. Das tut mir nicht gut.
- Meine Grundüberzeugungen über mich selbst sind oft traurig und schmerzhaft. Ein dunkles Selbstbild erschafft dann ein dunkles, haltloses Lebensgefühl.
- Ich habe meinen Eltern noch nicht vergeben, dass ich mich in bestimmten Momenten von Ihnen nicht verstanden gefühlt habe.
- Ich achte mein eigenes Tempo nicht und denke zu oft: »Das muss doch gehen, andere können das auch.« Sie sind aber Sie, nicht die anderen.

Puh, jetzt muss ich selbst erst einmal durchatmen, bei so vielen Beispielen, die uns haltlos machen und in Gefühls-Sackgassen führen, aus denen wir oft nicht mehr alleine herausfinden. Sagen Sie zu sich: »STOP! Diesen Weg möchte ich jetzt nicht weitergehen. Er tut mir nicht gut.«

All diese Negativ-Beispiele aus dem Alltagsleben, leider von sehr vielen Menschen so empfunden, erzeugen bewusst oder unbewusst ein Gefühl des Ungleichgewichts. Wir verlieren dadurch unsere innere Mitte. Das kann man, wie Sie vielleicht gemerkt haben, schon beim Durchlesen spüren. Denken wir pausenlos über all das Schlimme in der Welt nach oder denken wir an all das, was nicht gut läuft, verstärken wir damit die Situationen und Emotionen von turbulenten Gefühlen. Je mehr wir uns über diese Einflüsse und Entscheidungen bewusst sind, wenn wir einschätzen können, wie sehr sie unsere Stimmungen und Gefühle von Haltlosigkeit mitprägen, umso eher können wir selbstverantwortlich und entscheidungsfreudig das Steuer übernehmen und für eine Veränderung sorgen.

Erkennen wir zum Beispiel an, dass allein ein Spaziergang von 45 Minuten pro Tag in der Natur sehr reinigend wirken kann, dann schenken wir uns diesen Raum und diese Zeit und tanken neue Kraft und Erdung. Eine kleine Veränderung mit großer Wirkung. Probieren Sie es doch einmal aus. Falls Sie es zeitlich heute nicht in den Wald schaffen, ist die folgende Übung vielleicht das Richtige für Sie.

Übung »Meditation Erden«

Setzen Sie sich an einen ruhigen Rückzugsort.
Atmen Sie tief ein und aus, und sagen Sie sich sinngemäß und hörbar – mit ruhiger Stimme:
»Ich fühle meine Erdung und meine kraftvollen Energien, sie strömen durch meine Fußsohlen ein und stärken meinen inneren Halt und meine Standfestigkeit.
Nährende, erdige, zentrierende Energie erfüllt jetzt mein ganzes Wesen.
Ich atme tief ein und aus. Ich erlaube mir, meine tiefe Verwurzelung mit Mutter Erde zu spüren. Ich danke der Mutter Erde für ihre ganzheitliche Harmonisierung in meinem Körper.

Ich atme im Geiste die Schönheit der Umgebung ein, lasse mich mit Licht und Liebe auffüllen und gebe mich den Stärken und den Kräften der Erde hin. Ich drücke meine tiefste Dankbarkeit für ihre liebevolle Fürsorge aus.

Nach dieser kleinen Übung zur Erdung und der Erinnerung an Waldspaziergänge kommt die Kraft zurück. Das wünsche ich Ihnen. Indem ich die Natur wertschätze, achte ich die Schöpfung, und damit ehre ich auch das Leben insgesamt. Wie Silke Bader so schön in ihrem Buch »Engel antworten Dir aus der Quelle der Liebe« schreibt:

»Stimme dich ein auf deinen inneren Kosmos und finde deinen natürlichen Lebensrhythmus: Wachen und Schlafen, Aktivität und Entspannung, Nähren und Verdauen. Nur du kannst spüren, was gut für dich ist.«[2]

Unruhen, die von außen auf uns einströmen, durch Schicksal und Tod, können in uns turbulente Gefühle auslösen, oft auch weil sie an alte Gefühle erinnern. Gefühle, die wir oder Menschen, mit denen wir verbunden sind – das können auch Ahnen sein – empfunden haben. Jeder hat mehr oder weniger turbulente Zeiten und Haltlosigkeit schon gefühlt, wenn ein lieber Mensch aus seinem Leben gegangen ist. Je plötzlicher das geschieht und je unvorbereiteter wir darauf sind, umso tiefer kann es uns erschüttern. In solchen schweren Momenten werden wir von starken, schmerzhaften Gefühlen überflutet.

Dann ist zunächst eine Umarmung eines lieben Freundes, des Partners sehr bedeutend, um den inneren Halt wieder zu fühlen. Das Halten, um den Halt zu finden. Im ersten Gehaltensein bei einem schweren Erlebnis kann das Nervensystem sich besser regulieren. Fehlt dieser Halt von außen, friert die Schockenergie oft ein und kann sich erst später in einem warmen und geborgenen Zustand wieder lösen und entladen. Es sei denn, wir haben gelernt, unsere Emotionen bewusst im Körper zu fühlen und unseren inneren Bewegungen freien Lauf zu lassen, damit die Schockenergie, die angehaltene Energie, wieder langsam ins Fließen kommt. Wie genau das zu bewältigen ist, erkläre ich ausführlich im praktischen Teil des Buchs.

Oft ist es, wie schon erwähnt, sinnvoll, sich professionelle Hilfe zu holen, in dem Fall einen erfahrenen Coach oder Berater, der Ihnen Halt und Ruhe schenkt und Sie auf Ihrem Weg der Selbstregulation begleitet.

Manche Ereignisse in der Welt berühren uns stärker als andere. Wie kommt das?

Durch das Resonanzgesetz reagieren wir eher auf bestimmte Nachrichten mit schmerzvollen Gefühlen, mit denen wir selbst eine alte Erfahrung verbinden. Das heißt, wir stellen unbewusst eine Verbindung zu uns her, weil wir entsprechende Anknüpfungspunkte in uns tragen. Denn eine Energie zieht eine gleiche oder ähnliche

Energie an. Besonders Menschen mit Kriegs- und Gewalterfahrungen, die mitten im Leid des Schreckens dabei waren, reagieren schon bei kleinsten Auslösern, und das eventuell heftiger als andere, da diese Informationen noch in ihrem Zellsystem gespeichert sind und nicht entladen werden konnten. Werden diese alten, eingefrorenen Bewegungen im Körper nicht liebevoll entladen, kann es sein, dass der Körper sich über andere Wege, wie zum Beispiel Krankheit, einen Weg sucht, den alten Schmerz zu beenden.

Aus meinem Leben

Der Tod eines mir nahen Freundes stellte in meinem Leben eine ausgesprochen turbulente und schmerzhafte Erfahrung dar. Er war ein sehr liebenswerter Mensch, talentiert, musikalisch, und in seinem Verhalten zeigte er eine wundervolle Güte und Liebe. Er war erst 48 Jahre alt, als er an Lungenkrebs erkrankte. Ich verbrachte einige Zeit sehr nah bei ihm, während seiner Chemotherapie und anderen Heilversuchen. Ich besuchte ihn regelmäßig, doch nach einer Weile brauchte er Zeit und Raum nur mit sich selbst. Eines Tages kam dann sein letzter Anruf, in dem er mir mitteilte, dass er es nicht schaffe. Es war kaum zu glauben, wie sein Leben sich in nur wenigen Monaten aus der vollen Aktivität und Kraft verwandelt hatte in einen Sterbeprozess. Gott sei Dank durfte ich jedoch auch miterleben, wie sein Leben bis zum letzten Atemzug von bedingungsloser Liebe erfüllt war. Obwohl ich mich schon viel mit dem Tod und Abschieden beschäftigt hatte, war dieser Abschied besonders schwer und schmerzhaft für mich.

Was war der Grund? Ich hatte viel von meinem eigenen Lebenssinn in diesen Menschen gelegt. Seine liebevolle Freundschaft gab mir äußeren Halt in meinem Scheidungsprozess nach meiner langjährigen Ehe. Ich hatte unbewusst »meine Mitte« in ihn gelegt, zumal auch die gemeinsamen Meditationen und Kriya-Übungen auf einer tieferen Ebene uns stark verbanden.

Als er gegangen war, durfte ich wie durch ein Wunder noch eine Nacht und einen halben Tag allein an seinem Sterbebett sitzen, mit seiner Gitarre spielen, für ihn Lieder singen und mir Zeit geben, mich langsam von seiner äußeren Hülle, seinem leiblichen Dasein zu verabschieden. So hatte ich die Ruhe, die mir half in dieser von starken Gefühlen überfluteten Zeit. In dieser Situation wurde ich immer ruhiger und fand langsam zurück zu mir. Ein Jahr brauchte ich, um diesen tiefen Abschied zu integrieren, ähnlich wie nach der Fehlgeburt meines dritten Kindes.

In dem Augenblick, in dem ich die Qualitäten und lieb gewonnenen Eigenschaften und Wesenszüge des guten Freundes auch langsam in mir erkannte, konnte die Kraft der eigenen Mitte wieder fließen. Ich fand zu mir selbst zurück, und später war mein innerer Halt umso stabiler.

Liebe Leserinnen und Leser, ich vertraue Ihnen diese bewegenden Erfahrungen meines Lebens an. Es ist wichtig, diese zu teilen und zu verdeutlichen:

»Du bist nicht alleine, jeder Mensch erlebt solche schweren Situationen, und wir können sie verarbeiten und in etwas Gutes umwandeln.«

Je tiefer wir solche Erfahrungen erleben und auch wieder zurückfinden zu uns selbst, umso kompetenter und einfühlsamer können wir andere Menschen auf solchen und ähnlichen Wegen begleiten, durch die Stürme des Lebens.

Übung »Vorbilder als Ressourcen«

Denken Sie an drei Menschen in Ihrem Leben, die Ihnen in Ihren Augen stark, mittig und im Gleichgewicht erscheinen.

1. Jenny, gut organisiert, bekommt alles hin
2. Papa, findet immer Lösungen
3. ……………………………………

Was tun diese Menschen, Ihrer Meinung nach, um so stabil selbstbewusst, ausgeglichen, im Einklang mit ihren kreativen Fähigkeiten zu leben?
Erkennen Sie diese Stärke auch in sich selbst?
Wie und in welchen Momenten zeigt sie sich?

Welche Ressourcen haben diese Vorbilder zur Verfügung, die sie stark und bei sich sein lassen? Wie könnten Sie diese auch mehr in Ihr eigenes Leben integrieren?
Danken Sie diesen drei Menschen, die Ihnen zeigen, wie Sie Ihren inneren Halt auch in stürmischen Zeiten bewahren können.
Denn: Jedes gute Vorbild kann eine Brücke zur eigenen inneren Stabilität werden!

Durch all die berührenden Erfahrungen, durch die eigene Aufarbeitung schmerzhafter Erlebnisse und Traumata wachsen das Einfühlungsvermögen und die tiefe Bereitschaft, Menschen durch ihre Krisen zu begleiten in ihre eigene stabile Mitte.

2. TRIGGER UND WIE WIR IM ALLTAG BEWUSST MIT IHNEN UMGEHEN

Ganz allgemein gesprochen sind Trigger Auslöser, die in all unseren Sinneskanälen etwas bewegen und in Gang bringen können. Es kann zum Beispiel sein, dass ein bestimmter Blick oder Tonfall uns an eine Situation von früher erinnert. Wir alle erleben tagtäglich bewusst oder unbewusst solche Trigger, die manchmal sogar unser Notfall- und Warnsystem in Gang setzen. Denn ein traumatisiertes Nervensystem nimmt auch dort Gefahren wahr, wo momentan gar keine sind, und gibt somit unserem Körper Alarmzeichen – auch wenn es objektiv betrachtet dafür gar keinen Grund gibt. Wenn alte, verletzende Geschichten und Erfahrungen aus unserem Leben nicht wirklich verarbeitet oder im Körper entladen sind, können kleinste Auslöser große Reaktionen hervorrufen.

Sie kennen das sicher, wenn Sie in einer guten Stimmung sind und jemandem begegnen, der vielleicht unbewusst durch bestimmte Signale – etwa die Stimme, Blicke oder auch den Geruch – in Ihnen unangenehme Reaktionen und Empfindungen auslöst. Oder Sie sehen einen Film und werden nur durch das Muster eines karierten Hemdes an einen Menschen erinnert, mit dem Sie wunderbare Gefühle verbinden und der nicht mehr in Ihrem Leben ist, dann fließen vielleicht einfach so die Tränen.

Trigger können auch der Anblick einer Landschaft oder das Hören einer bestimmten Melodie sein.

Jegliche Auslöser in allen Sinneskanälen des Sehens, Hörens, Riechens, Schmeckens und Fühlens lösen in Ihrem Körpergedächtnis Reaktionen aus. Immer wieder, jeden Tag. Bewusst und unbewusst. Je nachdem, inwieweit die alten Erfahrungen verarbeitet und integriert sind, lösen sie keine schmerzhaften Gefühle mehr aus. Diese Trigger sind natürlich selten der wahre Grund für das Unbehagen, vielmehr fungieren sie als Auslöser. Sie lassen alte, angehaltene Emotionen aus einer anderen Zeit wieder lebendig werden. Sie schauen dann sozusagen durch die Brille der emotionalen Vergangenheit.

Natürlich erleben wir genauso auch Trigger, die bei uns angenehme Gefühle und Erinnerungen aktivieren. Wenn Sie sich verlieben oder eine bestimmte wundervolle Stimme und Musik hören, kann Ihr Innerstes Sie an ähnliche wundervolle Gefühle erinnern. Wir können das manchmal sogar in der Partnerwahl sehen, wenn eine Frau sich beispielsweise einen Partner sucht, der dem Vater ähnlich ist. Vielleicht auch um Unerledigtes mit ihm lösen zu wollen. Wenn dies unbewusst geschieht, kann es zu Verstrickungen führen. Wir nennen das in der systemischen Paararbeit »eine Verschiebung«: Die Dinge, die nicht mit dem Vater gelöst oder integriert wurden, werden unbewusst auf den Partner verschoben, und dieser weiß dann gar nicht, warum seine Partnerin sich ihm gegenüber so verhält. Er wurde so zum Auslöser, ohne sich dessen bewusst zu sein.

Ein Teil unseres Unglücklichseins kann auch aus alten Schmerz-Körper-Erfahrungen kommen. Sobald wir aus der Gegenwart unbewusst verschwinden und alten Gefühlen zugewandt sind, erleben wir eine Art Überflutung und Überreaktion. Ich lade Sie ein, alle diese Arten von Trigger, sofern Sie diese erkennen, nicht zu hoch zu bewerten, sondern den gegenwärtigen Augenblick immer wieder anzunehmen, wie er sich zeigt. Dann steht Ihnen Ihre innere Kraft im Jetzt mehr und mehr zur Verfügung. In der systemischen Arbeit können wir wahrnehmen, wie wir sogar übernommene Emotionen von Vorfahren, die nicht erlöst sind, entladen. Wenn Sie starke Empfindungen erleben, die immer wiederkommen, fragen Sie sich doch einmal:

Durch welche innere Brille schaue ich in dieser Situation?
Ist das meine eigene?
Oder wessen Ahnen-Brille trage ich gerade?

Nehmen Sie einmal nur die Empfindungen wahr, ohne sie zu bewerten, erlauben Sie sich, bewusst zu forschen, wessen unerledigte Entladungen gerade durch Sie fließen. Augenblicklich kommen Sie gestärkt in die Gegenwart zurück und können dem Auslöser danken, der in Ihnen einen Heilungsprozess in Gang gesetzt hat, wodurch Sie in Frieden kommen können.

Jedoch denken Sie auch daran, für sich selbst und andere, dass es Menschen mit einem starken Schmerz-Körper, Menschen, die sehr viel Leid im eigenen Leben oder innerhalb der Familie erfahren haben, oft unmöglich ist, sich von ihrer Fehlinterpretation, von ihrer durch und durch emotionalen Geschichte zu lösen. Je stärker und schmerzhafter das Erleben war, umso mehr haben sie sich damit identifiziert und können es nur schwer als Geschichte erkennen, sondern halten es für die Wahrheit. Eckart Tolle beschreibt es in folgender Weise sehr eindringlich:

»Wenn du vollkommen in deinen Gedanken und den begleitenden Emotionen gefangen bist, kannst du nicht aus Ihnen heraustreten, weil du gar nicht weißt, dass es ein Außen gibt. Du sitzt in deinem eigenen Film (…) Für dich sind sie Realität, und eine andere Reaktion gibt es nicht. Und aus deiner Sicht ist deine Reaktion die einzig mögliche Reaktion! Es bedarf eines hohen Grades an Präsenz, um auf jemanden mit einem sehr starken aktiven Schmerzkörper nicht sofort zu reagieren, wenn es dir gelingt, präsent zu bleiben, geschieht es bisweilen, dass diese Präsenz, die andere Person in die Lage versetzt, die Identifikation loszulassen und so das Wunder eines persönlichen Erwachens zu erleben.«[3]

Solche wundervollen, kleinen und großen »Erwachungsprozesse« konnte ich in meiner Arbeit öfter erleben. In dem Augenblick, in dem meine Schüler jegliche Trigger selbstverantwortlich und liebevoll anerkannten und auch die dazugehörige Situation als Geschichte umarmten, konnten sie die vorher gebundene Kraft in die Gegenwart, also in ihren Körper, zurückholen – und wieder fühlen.

Übung »Trigger erkennen und wandeln«

Damit Ihre Selbst-Erforschung sich weiterentwickeln kann, erlauben Sie sich jetzt folgende Reflexionen, die Ihnen helfen, sich bewusst zu werden, was hinter bestimmten Auslösern steht. Dann können Sie durch das bewusste Spüren in der Gegenwart Altes achtsam und bewusst entladen und somit in Frieden kommen:
Welcher Mensch in Ihrem jetzigen Lebensabschnitt löst bei Ihnen folgende Emotionen, Zustände aus?

a) Unwohlsein

Chetlin auf der Arbeit ....

b) Traurigkeit

Oma ....

c) Gefühl der Wertlosigkeit

....

d) Wut

Dominik ....

e) Sprachlosigkeit

....

f) Redefluss

....

g) Weinen

....

h) Ängstlichkeit, Hilflosigkeit und Ohnmacht

....

i) Kreativität und Schöpferkraft

....

j) Spontaneität

Leonie, Ronja

k) Frieden, Ruhe

....

l) Freude

Jenny, Laura, Ronja

Welche Geschichte, alten Erfahrungen, Erinnerungen an Erlebnisse könnten hinter dieser Person stehen? Bitte erlauben Sie sich, so wenig wie möglich in die Geschichte hineinzugehen, bleiben Sie in Ihrer bewussten, gegenwärtigen Wachheit und Achtsamkeit. Dadurch erweitern Sie Ihren Blick auf die alten Auslöser enorm und können sich nach und nach mit Verständnis und Liebe neu betrachten.

Nehmen Sie sich einen Trigger, in diesem Fall eine Person aus der Liste oben, die Sie stört oder Sie immer wieder in ein ungutes Empfinden steuert.

Setzen Sie die Person – gedanklich – auf einen Stuhl vor sich.

Sagen Sie ihr alles, was Ihnen wehtut, und was Sie nicht verstehen.

Schütteln Sie sich danach aus – Arme, Hände, Beine – und wechseln Sie den Platz.

Dann setzen Sie sich auf den Stuhl, jetzt sind Sie der Trigger, Sie übernehmen dessen Rolle und sprechen alles aus, was Ihnen darin wichtig ist.

Aus der Sicht der auslösenden Person schauen Sie jetzt auf sich selbst als das Opfer oder den Betroffenen.

Nun erzählen Sie Ihrem »Gegenüber« (also sich), welche inneren Bedürfnisse Sie zum Ausdruck bringen möchten. So schaffen Sie einen Zugang und zugleich Abstand zu Ihrem Auslöser.

Wann immer Sie den Impuls verspüren, wieder den Platz und damit die Sichtweise der Situation wechseln zu wollen, tun Sie das. Es bringt Sie aus der Starre und der festgelegten

Identifikation heraus. Sie lernen, sich bewusst einzufühlen und zu erkennen, dass alles in Ihnen, jegliches Erleben angenommen sein möchte. Je mehr Sie den Trigger und Ihre Emotionen so annehmen, wie diese sind, desto friedvoller wird Ihr körperliches Erleben.
Beenden Sie diese Übung, wenn es sich für Sie richtig anfühlt, am besten, wenn Sie sich mit dem Auslöser innerlich versöhnt haben und die Geschichte für Sie nicht mehr »aufgeladen« ist. Beim nächsten Erleben dieser bekannten Trigger-Situation im Alltag dürfen Sie sich überraschen lassen, wie anders und gelassen Sie jetzt darauf reagieren. Vielleicht nehmen Sie den Auslöser auch gar nicht mehr wahr, da keine Aufladung mehr vorhanden ist.

Trigger lösen Unterbrechungen in Ihnen aus, die Sie davon abhalten, Frieden zu fühlen. Je mehr Unterbrechungen in Ihrem Geist geheilt sind, desto stärker nehmen Zuversicht und Ganzheit zu! Das bewusste Spüren in der Gegenwart dehnt sich aus, und damit reifen die Offenheit und die Fähigkeit zu empfangen. So erleben Sie nach und nach einen wundervollen Entwicklungsprozess und eine große Potenzialentwicklung, da Ihnen neue Energie zur Verfügung steht. Sie werden feinsinniger und anmutiger.

Ihr Vertrauen in Ihre eigene Wahrnehmung und die Anbindung an Ihre göttliche Führung werden klarer und konkreter. Das Glück und der Friede in der Gegenwart werden spürbar.

3. DIE DREI WEGE DES INNEREN HALTS

Annehmen, was ist

Das »Annehmen, was ist« fällt relativ leicht, wenn alles wunderbar im Leben fließt und gelingt – schwerer hingegen, wenn man ein Leiden hat oder hatte und vieles verarbeiten muss. Ich beobachte auch in meinem Leben, wie die Selbstannahme ein Prozess, eine stetige Entwicklung ist. »Annehmen, was ist« heißt: Ich nehme mich selbst erst einmal an mit allem – wie ich geboren bin, wo ich geboren bin und in welcher Familie ich aufgewachsen bin; mit den Themen, die ich mir vielleicht vorgenommen habe in diesem Leben. Ebenso die Herausforderungen und Geschenke, durch die ich mich bereits entwickelt habe.

Auf meinen Indienreisen in jungen Jahren durfte ich schon früh erkennen, dass das Leben lebenswert sein kann, auch wenn die Umstände nicht so komfortabel sind wie bei uns im Westen. Dort traf ich manchmal sogar viel glücklichere Menschen, obwohl sie im Außen sehr wenig besaßen. Sie hatten ihr Leben und ihre Umstände angenommen und konnten mit sich in Frieden sein.

Sicher tragen auch Gebete und die verschiedenen göttlichen Rituale dazu bei, die dort häufig praktiziert werden. Gerade in Indien und Asien können wir die besondere Kraft der göttlichen Anbindung intensiv erfahren und dadurch auch eine tiefe Annahme des Selbst und des eigenen Schicksals. Wenn ich mich annehme, mich selber liebe, so wie ich bin, dann ist es auch leichter, andere Menschen anzunehmen, so wie sie sind. Das ist der Idealfall.

Für mich ist das Leben auch in einer Partnerschaft eine sehr spirituelle Aufgabe und ein starker Entwicklungsweg der Selbstannahme. In einer stetigen Begegnung erkenne ich die Seiten in mir, die ich noch nicht so leicht annehmen kann. Durch die Liebe des Gegenübers lerne ich, mich immer tiefer anzunehmen, vorausgesetzt mein Partner kritisiert mich nicht ständig. ***Spiegeln wir uns die besten Seiten und Eigenschaften, fördern wir uns gegenseitig, gelingt das Annehmen, was ist, leichter, und wir wachsen in eine reife Liebe.*** Eine Liebe zu uns selbst und zum anderen. Es ist ein großes Geschenk, in Beziehung zu leben, sei es eine feste Partnerschaft oder andere vielfältige Verbindungen in unserem Leben. Gerade durch unsere Beziehungen mit anderen Menschen können wir erkennen, welche Aspekte unseres Inneren wir sehr mögen und welche noch nicht. Wenn unser Gegenüber ein Verhalten zeigt, das uns arg stört, spiegelt er dadurch unsere eigenen ungeliebten Anteile.

Der Entwicklungsprozess des sich Annehmens gelingt am leichtesten, wenn wir uns achtsam und liebevoll im Spiegel der anderen sehen. Je mehr wir uns selbst kritisieren und bewerten, desto mehr machen wir das automatisch auch bei anderen.

Inspiration »Selbstumarmung«

Beobachten Sie heute einmal ganz wach und bewusst, welche Menschen Ihnen begegnen, die Sie zum Lachen bringen. Oder welche Begegnungen Ihnen heute Freude bereiten, welche Sie eher stören oder sogar wütend machen.
Dann fragen Sie sich für einen bewussten Moment: Was zeigt mir dieser Mensch gerade von mir selbst, was mir nicht bewusst ist und was ich auch noch nicht angeschaut und angenommen habe? Erforschen Sie sich! Erlauben Sie sich, es spielerisch auszuprobieren.
Fragen Sie sich ruhig weiter: Warum mag ich dieses Verhalten oder Aussehen nicht? Wer in meinem Leben hat mich früher vielleicht darin kritisiert? Mit der Zeit bewertete ich mich dann unbewusst selbst, wenn ich anderen begegne.
Umarmen Sie sich – im Innern – für all das, was Sie sind, wie Sie sind, was Ihnen leicht fällt oder schwer. Umarmen Sie sich mit all Ihren kleinen und großen »Macken«, mit allen Fähigkeiten, die Sie bereits entwickelt haben oder die noch in Ihnen schlummern.
Bleiben Sie ganz bei sich. Was immer andere, vielleicht Ihr Vater oder Ihre Mutter, kommentiert haben zu Ihrem Aussehen, Ihrem Verhalten, Ihrem Können – lassen Sie die Kommentare gehen, löschen Sie sie, wie bei einem Computerprogramm, und wertschätzen Sie sich selbst – mit allem – so, wie Gott Sie geschaffen hat, wie Sie geboren wurden.

In dem Zusammenhang fällt mir ein ganz besonderer Trainer ein, Nick Vujicic aus Australien, der das Buch schrieb »Love without Limits«. Er lebt ohne Arme und ohne Beine und hat gelernt, sich ganz anzunehmen als der, der er ist, als ein Kind Gottes.

Wenn es Ihnen an einem Tag schwerfällt, sich anzunehmen wegen kleiner oder auch großer Herausforderungen, dann schauen Sie sich einmal seine berührenden Interviews im Internet an. Danach sind Sie wahrscheinlich voller Demut und Dankbarkeit für Ihr Dasein und all die Gaben und Talente, die Sie haben und die Ihnen geschenkt wurden. Normalerweise bin ich nicht fürs Vergleichen, dieser Mann jedoch lebt eine solche totale Akzeptanz mit Freude vor, dass er für viele Menschen ein wundervolles Vorbild sein kann, wie sie glücklich leben können, in der liebevollen Annahme Ihres Selbst.

Nun möchte ich Sie zu einer Meditation einladen, die bei regelmäßiger Durchführung zu mehr Selbstannahme und Lebensqualität führt.

Übung »Meditation Selbstannahme«

Setzen Sie sich bequem hin, und achten Sie auf Ihre Atembewegungen:

Wie atmen Sie ein und aus?

Geben Sie sich einen Moment Zeit, fühlen Sie in Ihren Körper hinein, und nehmen Sie wahr, was innerlich gerade alles abläuft.

Lassen Sie jegliche Bewertungen dabei los. Jetzt sind Sie mehr bei sich.
Es ist ein achtsamer Zustand des Gewahrseins.
Nehmen Sie auch Ihre Gefühle wahr, sprechen Sie diese für sich aus: »Ah, da ist Angst«, »Hier ist Trauer« usw. Wichtig ist, die auftauchenden Gefühle nur wahrzunehmen, sie wertfrei zu betrachten und wieder ziehen zu lassen. So wird man von seiner Angst, seiner Trauer, seiner Wut nicht übermannt. Man stellt fest, dass man die Angst nicht ist, sondern nur Angst hat. Sie sind nicht die Traurigkeit, Sie trauern nur. Sie haben Wut, aber Sie sind nicht Wut. Sie nehmen durch das bewusste Atmen das traurige Gefühl an, lassen es fließen und ziehen, ohne es zu bewerten oder eine Geschichte daraus zu machen.
So kommen Sie zur Ruhe! Wenn Sie mit den Gedanken abschweifen, erkennen Sie bewusst: »Okay, jetzt bin ich wieder abgeschweift«, und kommen zurück zu Ihrer Atembewegung.
Sie nehmen sich und Ihren Körper wahr und legen den Fokus auf das, was gerade ist. Sie können diese Übung mit allen möglichen Emotionen durchführen, auch mit Personen und anderen Themen. Wichtig ist es, dabei auf Ihre Atmung zu achten und einfach nur still dazusitzen. Diese Übung ist fast überall durchführbar, wenn Sie sich bewusst dafür Zeit nehmen. Dies ist eine wunderbare Grundübung, die in den Alltag einfließen sollte.
Gelingt sie, können wir uns immer tiefer annehmen, so wie wir sind und mit dem, was in unserem Leben gerade geschieht.

Denn der erste Schritt des Annehmens ist der Weg zur Veränderung einer Situation. Die Akzeptanz öffnet unser Herz und dient uns, Vergangenes und Bewertendes loszulassen. Dann beginnt eine wundervolle seelische und oft auch körperliche Heilung.

Letztlich ist es die Liebe,
die alles heilt.

Die heilende Kraft der Selbstregulation

Ich lade Sie ein, sich wieder bewusst zu machen oder zu erinnern, dass unser Körper unsere ganze Lebensgeschichte speichert, also eine große Schatzkiste mit vielen Erinnerungen und Ressourcen ist. Sie können sich sicher vorstellen, dass Sie aus diesem Körper-Gedächtnis einiges für sich nutzen können.

In meiner langjährigen Arbeit als Coach und Trainerin wurde mir schon in jungen Jahren während meiner Ausbildung zur NLP-Lehrtrainerin bewusst, wie viele wundervolle Antworten, Schätze und Lösungen der Klient über seinen Körper selbst signalisiert. Die hohe Komplexität, die Kraft der Selbstregulation und eine Quelle unendlich vieler Schätze machen unseren Körper-Tempel aus. Seine Signale gilt es zu beachten, egal wie klein oder groß sie sein mögen. Geben wir uns nicht genug Raum, durch zu viele Anforderungen im Außen, lenken wir uns zu sehr ab, übergehen wir häufig die klugen Zeichen, die uns zum Beispiel sagen:

»Heute Ruhetag!« oder
»Gehe mal wieder in den Wald.« oder
»Bitte stelle dein Handy aus, es wird mir zu viel.« oder
»Heute mal leichte Kost, bitte!«

All diese natürlichen, selbstregulierenden kleinen Hinweise werden zu oft übergangen, und der Körper gerät immer mehr unter Stress, oder Emotionen stauen sich an. So kommt es, dass der weise Körper in uns mit Unwohlsein, Schlafstörungen, Essstörungen, Ängsten aller Art, Erschöpfungszuständen bis hin zum Burnout reagiert. Denken Sie daran: Er macht nichts falsch! Er teilt Ihnen nur mit: »Hallo, umdenken!«, »Achtung, Urlaub nötig« oder »Jetzt brauche ich Hilfe«.

Genauso ist es, wenn Sie einen Schicksalsschlag, einen Schock oder eine Trennung verarbeiten müssen. Dann reagiert Ihr Körper meist sehr intensiv. Die Regulationskräfte, die normalerweise von alleine funktionieren, geraten in Überflutung. Emotionen, Schmerz und andere starke Reaktionen können auftauchen.

Jeder Mensch hat und braucht sein eigenes Tempo

Das Erste und Wichtigste, was ich selbst durch die eigenen inneren Erfahrungen und Aufarbeitungen von Traumata lernen durfte, ist die Erkenntnis, dass jeder Mensch sein eigenes Tempo hat. Schenke ich meinem Inneren Zeit und Raum, das heißt, gönne ich mir die Langsamkeit, die ich brauche, schenke ich mir damit Zeit, um die schweren Ereignisse zu verdauen, und die Selbstregulation beginnt.

Nun eine wichtige Frage an Sie, meine lieben Leserinnen und Leser: Wie kommt es, dass so viele Menschen ihren Körper so wenig oder gar nicht mehr wahrnehmen oder erst dann, wenn er wehtut, streikt oder ausgepowert ist?

Beispiel aus meiner Coaching-Praxis

Eine Klientin kam vor vielen Jahren zu mir, sie war Marathonläuferin. Ihre Art, sich zu spüren, war nur möglich durch das ständige Rennen. Sie merkte es selbst, da kaum noch Zeit blieb für andere wichtige Erfahrungen in ihrem Leben, zum Beispiel eine glückliche Partnerschaft. Durch das Coaching konnte sie »übernommenes Schicksal« lösen und lernte langsam Schritt für Schritt in ihrem Tempo das bewusste Fühlen im Körper. Sie hatte durch frühere traumatische Erfahrungen als Schutz vor den überwältigenden Emotionen ihre feine Körperwahrnehmung abgeschaltet und förmlich »überrannt«. Der Körper versuchte, sie über das dauernde Rennen zum Spüren und Erden zurückzubringen. Ein weiser Körper!

Für viele Menschen ist das bewusste Spüren-Lernen auch zu einem wundervollen Weg des Erwachens in der Gegenwart geworden. Helfen wir unserem Körper, die angehaltene Bewegung zu entladen, ohne dabei innerlich in die alten schmerzvollen Geschichten zu gehen, haben wir die Chance, mehr und mehr in der Gegenwart, in unserem Körper anzukommen. Sobald wir bewusst in unseren Körper hineinspüren und dabei den oft urteilenden Verstand außer Acht lassen, erzählt der Körper uns seine wahre Geschichte. Dieses »Achtsame Fühlen« ist reines Empfinden ohne Bewertung. Durch diesen Lernprozess erleben wir heilende Bewegungen und neue Lebensfreude im Jetzt.

Der Körper kennt die Antwort. Die Weisheit unseres Körpers dient uns sehr in jeglichem Gesundungs- und Heilungsprozess, denn wir können ja auch all unsere Ressourcen im Körper spüren. Wir erinnern uns daran wie an schöne Augenblicke, unvergessliche Urlaube, wundervolle Begegnungen, herrliche Musik, gute Düfte und Lieblingsspeisen. In Momenten, in denen es in unserem Leben zu Engpässen kommt, können wir unsere Ressourcen abrufen und so wieder Mut und neuen Weitblick gewinnen. Durch das achtsame Spüren wird es für uns leichter, in der Gegenwart zu bleiben und jegliche Zukunftsmelodien und Gedanken loszulassen. Je mehr wir unsere liebevolle Aufmerksamkeit in der Gegenwart fühlen, umso mehr gelingt Frieden und Stabilität. Unser Körper dient uns so gut er kann – notfalls mit Umwegen wie zum Beispiel Krankheiten, Störungen, Fehlverhalten oder Symptomen verschiedener Art. Meine Erfahrung ist nach langjähriger Arbeit im systemischen Feld, dass alle körperlichen Symptome uns dienen und zu einer tieferen Wahrheit führen wollen. Gleichzeitig rufen sie uns zurück in die Gegenwart, in den Körper.

Unsere Symptome bringen uns sehr oft mit nicht gesehenem Schicksal in Kontakt und Menschen aus unserer Familie ans Licht, die vergessen oder nicht geachtet wurden. Haben wir gelernt, bewusst im systemischen Aufstellungsfeld dort hinzuschauen, können die Symptome sehr oft zur Heilung führen. Achten Sie einmal bei einem Symptom darauf, was es Ihnen zu sagen hat. Nehmen Sie sich und Ihr Körpersignal ernst, und seien Sie liebevoll zu sich mit Geduld und Fürsorge, wie eine gute Mutter oder ein guter Vater.

Übung »Meinen Körper spüren«

Wie fühlen Sie sich gerade jetzt?
Welche Körperwahrnehmung erleben Sie?
Was spricht Ihr Körper in diesem Moment zu Ihnen?
Und hören Sie auf, ihn zu bewerten, er will sich nur bemerkbar machen und hilft Ihnen dabei, alte, schmerzhafte Erfahrungen zu entladen.

1. Ich fühle meinen Atem.

   ● Ja ● Nein

2. Ich spüre die Unterlage, auf der ich sitze.

   ● Ja ● Nein

3. Ich kann meinen Rücken und meine Beine fühlen.

   ● Ja ● Nein

4. Ich nehme meine Schienbeine wahr.

   - Ja
   - Nein

5. Ich spüre meine Fußsohlen. Sie haben Kontakt zur Erde, sie sind kalt oder warm.

   - Ja
   - Nein

Orte der Kraft als Inspirationsquelle

Orte der Kraft, die uns tief berühren, sind solche, die etwas in uns auslösen, uns für immer verändern, an denen wir uns »zu Hause« fühlen. Wo wir unseren inneren Halt wahrnehmen. Hier fühlen wir uns verbunden mit uns, dem Leben, den Menschen. Jeder kennt solche wundervollen Orte. Hier möchte ich einige aufführen, vielleicht erkennen Sie sich in den Bildern wieder:

- Im Wald auf einem Baumstamm sitzen, die warme Sonne spüren und dabei den Vögeln zuhören.
- Am Strand laufen und den Salzgeschmack des Meeres genießen.
- Auf einem Berg die weite Aussicht auf sich wirken lassen.
- Am See sitzen oder spazieren gehen und die frische Luft einatmen.
- Mit der Familie zusammen picknicken.

- In der warmen Badewanne gemütlich zu Hause.
- Im Fitnessstudio mit Freunden Sport machen.
- Mit dem Hund, Pferd unterwegs sein.
- In einer Kathedrale oder auf einem Pilgerweg meditieren.
- Im gemütlichen Rückzug drinnen oder draußen singen oder Musik hören.
- Im Gras in der Sonne entspannen, dabei die Hände auf Herz und Bauch legen und tief atmen.
- An einem Bach sitzen und dem Plätschern lauschen.
- Einem inspirierenden Vortrag zuhören.
- Ein warmes Essen zubereiten und in Ruhe speisen, am liebsten zusammen mit guten Freunden.
- Im Garten arbeiten, die Erde zwischen den Händen spüren, den Duft der Blüten einatmen.
- In Stille sein an einem ruhigen, warmen Platz.
- Ein besonderes Land oder eine Stadt besuchen, in denen Sie sich wie zu Hause fühlen.

Die Liste der wundervollen, kraftspendenden und inspirierenden Orte könnte unendlich lang sein.

Reflexion »Meine Orte«

Welche Orte der Kraft gibt es in Ihrem Leben?

Erinnern Sie sich an die besonderen Orte, an denen Sie sich tief verbunden mit sich und dem Leben gefühlt haben, die Orte, an denen Sie geborgen sind – als Teil eines großen Ganzen?

Es können Orte aus der Kindheit und Jugend sein, Orte, die Sie im Urlaub kennengelernt, an denen Sie gelebt haben, Orte, von denen Sie gelesen haben.

Notieren Sie diese einmal für sich:

Straße mit Altbauten am Westerberg, am Meer,
ländlich in Italien oder Spanien, Städte am Wasser,
im Wald, beim Sport, draußen

Was war an diesen Plätzen, was Sie besonders wahrgenommen haben?

Wodurch haben Sie sich so geborgen gefühlt?

Was macht diesen Ort zu einem, an dem Sie sich »zu Hause« fühlen?

Auf welcher Ebene der Sinne hat Sie dieser Ort besonders berührt?

Sehen:

die Weite am Horizont sehen, Klarheit des
Wassers, Gleichmäßigkeit des Wassers, Himmel

Hören:

Vögel fliegen vorbei, Rauschen des Wassers,
Wind

Riechen:

salzige Luft, Wärme

Fühlen:

Wind auf meiner Haut, Wärme auf der Haut, Feuchtigkeit in der Luft

Schmecken:

salziges vom Wasser

Empfehlung: Gönnen Sie sich heute etwas Zeit für sich und Ihren Freund Körper. Suchen Sie sich einen Ihrer Lieblingsorte aus und nehmen Sie sich Zeit für ein Bad oder einen schönen Spaziergang, eine Meditation, je nachdem, was Ihr Körper Ihnen signalisiert. Spüren Sie in sich hinein, und machen Sie das, was Ihnen in diesem Augenblick von Herzen guttut.

4. PROJEKTIONEN ZU SICH ZURÜCKHOLEN

Oft leben wir in der inneren Vorstellung, dass andere Menschen, Situationen oder auch bestimmte Umstände der Grund sind für unsere Empfindungen und Stimmungen. Wir projizieren unsere inneren Gefühlszustände nach außen, und zum Teil bekämpfen wir sie auch dort. So »fallen« wir sehr leicht aus unserer inneren Mitte und Balance. Diese Fehl-Wahrnehmung verleitet uns dazu, andere Menschen oder das Schicksal für unsere Unsicherheiten und Herausforderungen, sogar für jegliches Empfinden, verantwortlich zu machen.

Nehmen wir alle unsere Projektionen zu uns zurück, gehen wir liebevoll in die Selbstverantwortung, kommt auch die Kraft zurück, die wir dadurch verloren haben. Viele Frauen – aber auch Männer – haben die Tendenz, den Mittelpunkt ihres eigenen Selbst in den anderen zu verlagern, das eigene Glück vom Partner abhängig zu machen. Geht dann der Partner aus dem Leben, durch Trennung, Scheidung oder Tod, hat man das Gefühl, der eigene Mittelpunkt und Halt gehen auch mit. Ich denke, jeder hat solche schmerzhaften Erfahrungen schon einmal durchgemacht.

Ähnlich kann es auch bei einer Kündigung oder beruflichen Veränderungen sein. Grundsätzlich gilt: Je mehr wir uns im Außen den Halt suchen, desto bedrohlicher fühlt es sich an, wenn sich dieses Außen auflöst oder verändert. Ich möchte Sie an dieser Stelle zu einer weiteren Selbstreflexion und Bewusstseinsarbeit ermutigen. Diese unterstützt Sie dabei, den unbewussten Mechanismus zu durchbrechen und die Projektionen zurückzuholen, um dadurch wieder in der eigenen Kraft verankert zu sein.

Übung »Projektionen erkennen und wandeln«

1. Schreiben Sie eine Liste der Menschen in Ihrem Leben, die Ihnen inneren Halt gaben oder geben.

Papa, Mama, Jenny, Laura ....

....

....

....

Erlauben Sie sich, liebevoll mit sich selbst zu sein. Bewerten Sie auf keinen Fall, wer die Personen sind oder ob es sehr viele Menschen sind.
Das Entscheidende ist ja, dass Sie JETZT beginnen, bewusst hinzuschauen, um sich nach und nach von Ihren Projektionen lösen zu können und Ihre Kraft wieder in sich selbst zu sammeln.

Denken Sie auch daran, dass diese »Verstrickungen« aus Ihrem Lebenslauf und Schicksal heraus entstanden sind und Sie bisher keinen weiteren Weg kannten.
Danken Sie all diesen wunderbaren Menschen, die Ihnen bewusst oder unbewusst die »Mitte« gestärkt haben, und sagen Sie Ihnen innerlich mit tiefer Dankbarkeit:

Ich danke dir Papa .... (Vater),
Ich danke dir Mama .... (Mutter),
Ich danke dir .... (Lehrer, auch spirituelle),
Ich danke dir .... (Partner/Ex-Partner),
Ich danke dir Anna .... (Chef, Kollege),
Ich danke dir Dominik .... Schwester/Bruder),
Ich danke dir Jenny .... (Freund),

… dass ich bewusst oder unbewusst in dir meinen Halt gesucht und gefunden habe. Ich bin mir jetzt dessen bewusst und hole hiermit alle Lebensverantwortung, die ich unbewusst an dich abgegeben habe, zu mir zurück.
Ich atme tief ein und aus und bitte die göttliche Führung um vollständige Entkoppelung dieser alten Projektion auf dich.
Ich nehme meine Lebensverantwortung und Kraft
zu mir in meine innere Mitte zurück.
Du bist frei – ich bin frei.

Nach dieser Übung werden Sie immer mehr spüren, wie die innere Kraft zurückkehrt, Sie sich wacher und frischer in der Gegenwart fühlen. Erlauben Sie sich, dabei all das zu fühlen, was gerade geschieht, eventuell entladen Sie noch alte Gefühlsbindungen, müssen weinen oder erleben eine tiefe Freude durch die eigene innere Kraft, die zu Ihnen zurückfließt.

Sie können diese Bewusstseinsübung täglich wie das Zähneputzen, zum Beispiel abends, kurz praktizieren und in Ihr Leben einbauen – indem Sie sich bewusst werden: An wen oder was habe ich heute meine Energie und Macht abgegeben? Oder wann und wo bin ich aus meiner Balance gekommen? Vielleicht sind Sie in Gedanken noch mehr bei allem anderen als bei sich selbst, dann atmen Sie tief ein und erlauben sich, all die verstreute Energie zurückzuholen. Schon fühlen Sie sich gestärkter.

Reflexion »Zurück zur inneren Kraft«

Wenn Sie sich die folgenden Fragen beantworten, kann es sein, dass Sie zögern, da Sie in einem beruflichen Kontext anders antworten würden als im privaten Bereich. Bedenken Sie: Es gibt kein Richtig oder Falsch! Es geht nur um die eigene Selbsterkenntnis.

Nachdem Sie sich etwas Zeit gegönnt haben und Ihre Verhaltensweisen hinterfragt haben, können Sie vielleicht besser entscheiden, wann und wo Sie etwas ändern möchten, um Ihre innere Mitte noch mehr zu stärken.

Ich bin meistens bei mir.
Ich bin eher in Gedanken bei anderen (Partner, Kinder, Eltern, Freund, Chef, Mitarbeiter).

Ich erlebe meine Gefühle eher spontan.
Ich reagiere eher nicht so schnell mit Gefühlswallungen (Freude, Begeisterung, Wut, Zorn, Angst, Zweifel).

Ich treibe viel Sport und bin gerne in Bewegung.
Ich sitze mehr und lasse mich von Medien und Informationen berieseln.

Ich vergesse eher, mich zu stärken.
Ich stärke mich am ehesten durch …

Ich bin aktiv im Alltag und mache gerne Dinge mit den Händen und Füßen.
Ich bin eher passiv und mit geistigen Dingen beschäftigt.

Ich reagiere eher sensibel.
Ich habe eher ein dickes Fell.

Ich kann mich gut abgrenzen.
Ich lasse eher alles mit mir machen.

Ich stehe zu meiner Meinung.
Ich schwimme eher mit dem Strom.

Ich packe gerne eigene Projekte an.
Ich lasse lieber anderen den Vortritt, mache dann aber mit.

Ich lasse mein Handy immer an.
Ich gehe bewusst mit meinem Handy um und mache es immer wieder aus. Ich entscheide selbst, wann und wie oft ich erreichbar bin.

Ich gehe regelmäßig in die Natur.
Ich bin selten in der Natur.

Meine Gedanken sind eher positiv, optimistisch.
Ich denke eher negativ über das eigene Leben.

Ich lasse mich gerne ablenken von gesellschaftlichen Anlässen.
Ich gestalte selbstbewusst meine Freizeit.

Ich kümmere mich ständig um andere.
Ich sorge für eine gute Balance zwischen Selbstfürsorge und Unterstützung anderer.

Wenn es mir nicht gut geht, gönne ich mir eine Massage oder andere schöne Dinge, wie Yoga oder einen Spaziergang, um mich zu regenerieren.
Wenn es mir nicht gut geht, verweile ich lange in dem Zustand und jammere gerne.

Ich erlaube mir, täglich etwas für meine Freude zu tun.
Ich denke selten an freudige Mußestunden.

Ich bin gerne mit Freunden und Familie zusammen.
Ich bin mehr für mich allein.

Diese Selbstreflexion kann Ihnen Folgendes bewusst machen:
Wohin und wie gebe ich meine kostbare Energie ab?
Wohin lenke ich meine innere Kraft?
Was tue ich bewusst, um in die Kraft und innere Mitte zu kommen?
Wie reflektiere ich meine Energieverteilung?
Wo lenke ich bewusst meine Aufmerksamkeit hin?
Was könnte ich ändern, um mehr in meiner Mitte zu sein?
Wo brauche ich Unterstützung durch gezieltes Coaching, um etwas in meinem Leben neu zu gestalten, für mehr Kraft und Gesundheit?

5. SOMATIC EXPERIENCING NACH PETER LEVINE

Somatic Experiencing, kurz SE, ist eine Methode, die von dem amerikanischen Psychologen Peter Levine in den 1970er-Jahren in den USA entwickelt wurde. Hier liegt der Fokus auf der wunderbaren heilenden Wirkung, die durch achtsames Spüren im Körper entfaltet wird. Diese exzellente Methode der Traumabehandlung wird sowohl in der Psychotherapie, beim systemischen Aufstellen und – nach meiner Erfahrung – auch bei manchen Satsang-Lehrern miteinbezogen. Dabei geht es nicht darum, sich permanent gut zu fühlen, sondern vielmehr darum, sich den Prozessen des Körpers und dem, was in diesem Moment wahrgenommen wird, zuzuwenden, auch wenn dies ein schmerzhaftes, tiefes Empfinden ist, mit dem wir zunächst umzugehen lernen.

Ich lade Sie ein, sich diesem Körper-Bewusstseinsprozess hinzugeben, ihn zu pflegen und zu einem wesentlichen Bestandteil Ihres Lebens zu machen. Diese Art zu leben gibt Ihnen ein Gefühl von Sinn und wahrhaftem Beteiligtsein. Wenn wir bewusst oder unbewusst vom Körper getrennt sind, können wir nie vollständig präsent sein.

Peter Levine schreibt dazu: »Ein bedeutungsvolles Leben beruht auf einem Gefühl von Dynamik und Präsenz, die beide von einem vertrauten Kontakt mit inneren, körperlichen Zuständen herrühren.«[4]

Dem kann ich zu hundert Prozent zustimmen, denn sowohl in meinem eigenen Leben als auch bei meinen zahlreichen Schülern und Klienten habe ich im Laufe der langjährigen Arbeit genau das erfahren. Unsere Lebensgeschichte, vor allem unsere traumatischen Erlebnisse, haben nicht nur in unserer Seele, sondern ganz besonders auch in unserem Körper Spuren hinterlassen. Diese nicht verheilten Wunden bleiben manchmal Jahre und Jahrzehnte lang im Körper. Das Gleiche gilt für die Traumata und Schicksale der mit uns verbundenen Ahnen.

Das erlebte ich persönlich bei einer meiner Trauma-Healing-Sitzungen zur Aufarbeitung von drei Fehlgeburten. Es waren viele heilende Schritte geschehen, und das Interessante war, dass sich dabei sogar der Geruch der alten Narkosen aus meinem Körper »gelöst« hatte. Es stellte sich heraus, dass sogar mein damaliger Mann ihn wahrgenommen hatte. Der Körper hatte seinen Weg gefunden mit der Verarbeitung der noch ungelösten Anteile dieser schmerzvollen Erfahrung. Sogar die unangenehme Narkose mit ihrem schalen Duft konnte er nun loswerden – und das nach zehn Jahren!

Bewusstes Fühlen und Erleben in der Gegenwart kann einen tiefen Heilungsprozess in Gang setzen. Die »erlösende« Wirkung besteht darin, dass der Körper bisher festgehaltene Spannungen langsam und dosiert loslassen kann. Der Körper unterstützt uns durch seine Selbstheilungskräfte, und wir unterstützen ihn durch bewusstes, liebevolles Spüren.

Übung »Dem Körper liebevolle Aufmerksamkeit schenken«

Ich lade Sie ein zu einer kleinen Übung, mit der Sie jeden Tag besser und besser in der Lage sein werden, dem Alltagsstress entgegenzuwirken, indem Sie bei Ihrem Körper und bei sich selbst bleiben.

Sie gewinnen ein großes Stück Freiheit, wenn Sie die Botschaften Ihres Körpers verstehen lernen und wissen, was für Sie gut ist und was nicht: wie Sie mit den natürlichen Emotionen umgehen lernen – sei es Traurigkeit nach einem Verlust oder einer Trennung oder eine Situation, die Sie wütend macht. Wie gut es tut, auf neue Art und Weise mit all unseren Empfindungen umzugehen, sodass sie uns nicht länger überwältigen. Vor allem geben Sie sich jetzt die Erlaubnis, diese nicht mehr blind agieren zu lassen, zu verdrängen oder gar mit Alkohol oder anderem zu betäuben.

Suchen Sie sich einen geschützten, ruhigen Raum. Stellen Sie Handy und Telefon aus und nehmen Sie sich Zeit für sich. Halten Sie inne, und richten Sie Ihre liebevolle Aufmerksamkeit ganz auf sich selbst.

Fragen Sie sich liebevoll und achtsam:
Wie nehme ich mich gerade wahr?
Bin ich in Anspannung? Wenn ja, wo genau im Körper spüre ich diese?
Oder fühle ich Entspannung? Wenn ja, wo genau im Körper fühle ich diese?
Beantworten Sie sich die Fragen, ohne lange nachzudenken.
Ist die Anspannung für Sie eher normal, oder haben Sie sich gerade über etwas aufgeregt?
Ist sie eher nicht vorhanden, da Sie gemütlich im Garten sitzen, aus der Badewanne kommen und sich an Ihrem Feierabend erfreuen?
Es geht hier um die inneren Empfindungen von Spannungszuständen im Körper. Wo auch immer Sie eine Anspannung von Muskeln spüren, nehmen Sie dies wertfrei an. Oft gibt es gleichzeitig auch Bereiche im Körper, die entspannt sind. Spüren Sie auch diesen nach. Fühlen Sie Ihre gelöste Kraft im Körper. Wo ist es weit und der Atem tief, und wo ist es gleichzeitig noch etwas eng? Beides ist im Körper fühlbar.
Es gibt bei dieser Übung nichts zu bewerten. Erinnern Sie sich liebevoll daran, dass Ihr Körper ein Gefäß für viele gleichzeitige Erlebnisse ist. Indem wir uns ihm behutsam und langsam wieder mehr zuwenden, vor allem dem inneren Körper, spüren wir auch eher unsere angehaltenen Bewegungen und Grenzen, aber auch

unsere Verletzlichkeit und Unsicherheit, wo wir uns dünnhäutig und ungeschützt fühlen. Genauso nehmen wir auch unsere Ressourcen an ganz neuen, bisher unbemerkten Körperstellen wahr.
Stimmen Sie dem zu wie eine liebende Mutter oder ein liebender Vater. Gleichzeitig kommen Sie zurück zu den Dingen, die Ihnen Sicherheit und Halt geben, wie zum Beispiel das Fühlen des angenehmen Sitzplatzes, das Spüren der Rückenlehne des Stuhls, die Ihre Wirbelsäule stützt, und das Wahrnehmen der Unterlage, die Ihr Gesäß aufnimmt. Wie fühlt es sich an, wie Ihre Hände auf den Oberschenkeln liegen und wie Sie dabei gestützt und gehalten sind? Nehmen Sie sich Zeit, all diese gegenwärtigen Wahrnehmungen körperlich und unmittelbar zu spüren.

Wenn Sie diese einfache und zugleich sehr effektive Übung immer wieder durchführen, werden Sie feststellen, dass Ihr einfaches Gewahrsein, Ihr Bewusstsein, sich entfaltet. Sie lernen Ihren Körper (Haut und Muskulatur) als neue Grenze wahrzunehmen, die Ihre inneren Empfindungen hält und umschließt, wie eine liebevolle Mutter ihr Kind hält und schützt.

Das Interessante bei dieser »scheinbar« einfachen Übung ist, dass oft unsere Gedanken oder alte Erinnerungen auftauchen, die uns vom bewussten Spüren in der Gegenwart wegholen möchten. Vor allem für Menschen, die innerlich sehr viel visuell abgespeichert haben, ist es am Anfang vielleicht ungewohnt, einfach mal nur zu fühlen, ohne gleich eine Geschichte ablaufen zu lassen. Hier ist es hilfreich, die Bilder vorbeiziehen zu lassen und immer wieder zurückzukommen in den Augenblick des reinen Gewahrseins. Haben Sie mit sich viel Liebe und Geduld, falls es etwas Zeit braucht.

Beispiel aus meiner Coaching-Praxis

Petra K. kam in meine Praxis, da sie sich sehr nervös und überflutet erlebte. Zu viele Anforderungen als Lehrerin, Mutter und Partnerin, die sie zu bewältigen hatte. Und alles gleichzeitig! Sie übte mit mir das bewusste Fühlen in der Gegenwart, sie lernte zu spüren, wann und wo ihr Körper natürliche Grenzen aufzeigt und welche Emotionen sie bisher ausgeklammert hat, die sie sich als »gestandene Frau« nicht erlauben konnte oder fühlen wollte.

Sie lernte – wie eine bedingungslos liebende Mutter –, sich selbst zu halten und Schritt für Schritt alle ihre Empfindungen und Entladungen zu akzeptieren und damit umzugehen. Je mehr sie ihre eigenen Körperwahrnehmungen annehmen konnte, umso mehr war sie auch in der Lage, diese bei anderen Menschen, und vor allem bei ihren Kindern, verständnisvoll zugewandt zu akzeptieren. Sie lernte durch das achtsame Spüren auch wieder wahrzunehmen, welche Bedürfnisse ihr Körper signalisierte, zum Beispiel wann er wirklich Hunger hatte oder wenn es ihm zu kalt oder zu warm war.

Ihr altes Verhalten, das »nicht in Kontakt Sein mit ihrem Körper«, war damals eine Fähigkeit, einfach einen Aspekt ihrer Wahrnehmung auszuschalten, ein Notfallmechanismus, der es ihr ermöglichte, mit dem alten Schmerz weiterzuleben. Es war ein Schutz vor ihren zu starken Gefühlen oder Körperempfindungen, die sie andernfalls überwältigt hätten.

Jeder von uns kennt das Gefühl, wenn die Reizüberflutungen durch Internet, Fernsehen, Handy und andere Faktoren unser Nervenkostüm zum Wackeln bringt. Im Straßenverkehr dient uns die Selbstregulation auch wunderbar. Ich selbst muss durch meine Arbeit, die mir sehr viel Freude bereitet, häufig Autofahren, um Seminare und Vorträge an verschiedenen Orten zu halten. Das achtsame Spüren hat mich dabei in zwei wichtigen Punkten sehr bereichert:

1. Wenn ich mich ins Auto setze, fühle ich, kurz bevor ich losfahre, meinen inneren Körper, ich spüre bewusst den Sitz und die Lehne oder auch das Lenkrad. Ich orientiere mich mit einem persönlichen kleinen Gebet in der Gegenwart. Die innere Präsenz wird so noch wacher und fit. Allein das bewusste Umschauen, wo ich gerade bin, das Bemerken kleiner Details um mich herum und das Wahrnehmen der Sitzunterlage, die mich hält, holen mich aufmerksam in den Augenblick zurück. Das ist ein sehr kurzer, jedoch bewusster Moment. Manchmal kann ich dann auch wahrnehmen, wie mein Körper aus einem vorher vielleicht hektischen Zustand zurückkommt und ich wieder tiefer atmen kann oder wie es in den

Beinen kribbelt und die Füße warm werden. Ich werde mir in diesem ruhigen Moment bewusst darüber, dass jede Fahrt volle Aufmerksamkeit und Achtung für mich selbst und die anderen braucht.

2. Eine weitere hilfreiche Selbstregulation im Straßenverkehr ist es, zu singen und bewusst zu atmen. Selbst wenn der Verkehrsfunk einen langen Stau angekündigt hat und das Körpersystem sich schon auf Alarm einstellen will, gibt es immer eine Alternative, um den angesprungenen Stress-Modus wieder auszuschalten. Meine Empfehlung: Sie fahren, wenn möglich, bei der nächsten Abfahrt raus und fahren über Land weiter oder halten an einer Raststätte, trinken gemütlich einen Tee oder gehen eine kleine Runde spazieren, bis der Stau sich aufgelöst hat. Viele, viele Male konnte ich durch diese kleinen »Umwege und Tricks« mein Nervensystem entspannt halten und mich aus dem Gefühl von Stress und Ausgeliefertsein wieder in die Kraft bringen. Wenn es einmal keinen Weg gibt, abzufahren, können Sie Ihr Nervensystem durch bewusstes Atmen und durch schöne Musik in einem anderen, guten Modus halten.

Achten Sie darauf, dass Sie sich kleine und große Entladungen erlauben, damit auch in anderen herausfordernden Situationen die »Schreck-Energie« nicht im Körper festgehalten wird. Das können tiefe Atmung oder fröhliches Mitsingen sein. Ihr Körpersystem reguliert sich selbst! Vielleicht sind Sie schon beim Lesen innerlich mitgegangen oder wurden erinnert an eigene kritische Momente und merken jetzt, wie Ihr Körper wieder ruhiger wird und Ihre geborgene, innere Sicherheit zu spüren ist. Für viele Alltagsherausforderungen, wie dieses Beispiel im Straßenverkehr zeigt, ist es hilfreich, Wege zu kennen, wie wir aus dem Notfallmodus in unseren Organismus zurückfinden können in ein intaktes, bewusstes, entspanntes Fühlen im Körper. An dieser Stelle zitiere ich gerne Dr. Isa Grüber.

> *»Selbstregulation bedeutet, in einem natürlichen Rhythmus von Anspannung und Entspannung zu leben. Dabei wechselt das Nervensystem flexibel zwischen Ladung und Entladung ab.«*[5]

6. RESSOURCEN ALS WEGWEISER

In meiner langjährigen Praxis mit Klienten aus allen Berufs- und Altersgruppen hat es sich bestätigt, dass das Arbeiten mit Ressourcen, also unseren inneren Kraftquellen, die effektivste Form ist, gute Lösungen zu finden. Ressourcen sind in jedem Menschen genügend vorhanden, wir müssen nur lernen, diese wieder zu erkennen – in uns und anderen Menschen.

Da das Fühlen nicht unterscheidet, ob Sie sich gerade etwas vorstellen oder es real erleben, reagiert unser Körper genauso wundervoll auf einen imaginären Sonnenaufgang wie auf den, den wir live am Strand unter Palmen erleben. Das ist ein großes Geschenk. Daher funktionieren unsere Ressourcen-Erinnerungen wie bei einem herrlichen Waldspaziergang mit Vogelgezwitscher oder einem kraftvollen Wasserfall in Brasilien ebenso wie bei der Erinnerung an eine berührende Begegnung. Jede schöne Erfahrung in Ihrem Leben ist als Ressource in Ihrem Zellsystem gespeichert, vergleichbar mit einem Hochleistungs-Computer.

Lernen wir, uns ressourcenorientiert durchs Leben zu bewegen und mehr und mehr durch diese Brille die Welt wahrzunehmen, gelingt die Aufarbeitung alter Verletzungen und trauriger Erfahrungen viel leichter. Auch der Moment des »Annehmen, was ist« ist, wie bereits beschrieben, eine gute Übung, um daraus Kraft und Halt zu schöpfen. In unserem »Körpergedächtnis« liegen also auch alle schönen Schätze bereit, wieder aktiviert zu werden, um mit den aktuellen Engpässen oder Schmerzen besser umgehen zu lernen!

Erleben wir in manchen Abschnitten unserer Lebensgeschichte traumatische Erfahrungen, kann es sein, dass wir uns dadurch auch in unserer Erinnerung an unsere Schöpferkraft etwas blockiert fühlen. Denn nach der Definition von Peter Levine ist das Trauma-Geschehen eine körperliche Flucht oder eine Verteidigungsbewegung, die abrupt unterbrochen wird, ähnlich einer Pausentaste, die gedrückt wird und die Bewegung anhält. Sie kennen das bestimmt, wenn eine gewisse »Starre« im Körper zu fühlen ist. Um sich also den eigenen Schöpferkräften und Ressourcen zuzuwenden, bedarf es dem Verständnis und der wichtigen Bedeutung der natürlichen Körper- und Erfahrungsabläufe.

Erlauben wir uns, zunehmend im inneren Körper zu sein, den alten, angehaltenen Bewegungen und Gefühlen im richtigen Moment ihren Lauf zu lassen, umso mehr sind wir wieder in der Lage, im Fluss des Lebens zu sein. Und schon wird aus einem Gefühl der Enge ein neues, weites Wohlgefühl. Entscheidend bei diesem lösungsorientierten Ansatz ist es, die Ressourcen im Körper wahrzunehmen!

Ihre Tür zur inneren Schatzkiste

Wie beschrieben, tragen wir alle viele positive und starke Ressourcen in uns. Lassen Sie uns gemeinsam schauen, welche Wege es gibt, diesen inneren Schatz zu finden und zu nutzen.

Reflexion »Brille der Wahrnehmung«

1. Welche Wahrnehmungsbrille dient Ihnen am besten, die Welt und Ihre Erfahrungen in positiver Weise zu entdecken und zu betrachten?

a) Visuelle »Brille«
b) Körperorientierte »Brille«
c) Riechende oder schmeckende »Brille«
d) Hörende »Brille«

Wenn Sie zum Beispiel sehr feinfühlig und musikalisch sind, können Sie über den akustischen Kanal erhellende Musik als Ressource nutzen. Oder Sie schauen durch die visuelle Brille Ihre wundervollen Urlaubsbilder noch mal an und erinnern sich an die angenehmen Gefühle dabei im Körper. Gut so! Fühlen Sie die schönen Erlebnisse nach im Hier und Jetzt.

2. Welche Momente und Erlebnisse haben Sie in Ihrem Leben besonders beflügelt? Wann fühlen Sie sich frei und unbeschwert?

a) Mit sich alleine
b) Mit Freunden
c) Mit der Familie
d) Mit Kollegen
e) Mit dem Partner

3. Welche besonderen Musikstücke, egal welcher Richtung, heben Ihre Stimmung, vermitteln Ihnen ein Wohlgefühl?

Chainsmokers, Latino, Deep-House, eher Ruhigeres

Welche Geschmäcker (Gerichte/Getränke) dienen Ihnen als Ressource, um sich gut und geborgen zu fühlen (süß, sauer, salzig, cremig, würzig etc.)?

süß, würzig, salzig, pikant, erfrischend

5. Welche körperliche Betätigung hilft Ihnen, sich kraftvoll und lebendig zu fühlen?

Fitnessstudio, spazieren gehen, Putzen

Beispiel aus meiner Coaching-Praxis

Anne F. kam vor einigen Jahren in meine Beratung, da sie sich antriebslos und handlungsunfähig in bestimmten Lebenssituationen fühlte. Wir blickten erst einmal auf ihr gesamtes Familiensystem, in dem jedoch kein direkter Hinweis auf ihre aktuelle herausfordernde Situation zu sehen war. Also bauten wir zunächst viele Ressourcen in ihrem Körper auf, an die sie sich durch gezielt gestellte Fragen gut erinnern konnte.

Besonders wichtig und ressourcenvoll war ihre Urlaubsreise, drei Jahre zuvor, im Himalaya. Durch diesen Anknüpfungspunkt, die Erinnerungen an diese Stunden und Tage, an denen sie ganz bei sich gewesen war, konnte ihr neues Körperempfinden, sowohl der Kontakt zu ihren Füßen als auch ihre Aufrichtung in der Wirbelsäule, zurückkehren und ihr Atem tiefer werden. Ihre Augen begannen zu leuchten! Sie war sehr gerührt, wie »schnell« sie an ihre innere Kraftquelle gekommen war. Dann fragte ich sie, wie es ihren Händen und Armen ginge, da mir auffiel, dass sie sie kaum mitbewegte in ihrem ressourcenvollen Zustand. Ich bat sie, nach innen weiter zu spüren, und die Starre in ihren Armen wahrzunehmen und anzunehmen.

»Handlungsunfähig« war ja ihre eigene Aussage zu Beginn der Beratung, und dieser Begriff war eigentlich schon der erste Hinweis auf ihre Hände gewesen. Nachdem Anne F. tiefer in ihren Körper hineingefühlt hatte, kam aus ihrem Zellsystem die

Erinnerung an eine traumatische Jugenderfahrung zurück, bei der ihre beiden Arme lange Zeit nach einem unglücklichen Fahrradunfall eingegipst waren. Diese Informationen, diese »Starre«, waren innerlich noch nicht gelöst.

Durch die liebevolle innere Umarmung des jüngeren Selbst, die Vorstellung der inneren Bewegungen und Berührungen der Arme sowie die wiederentdeckten Ressourcen begann die Kraft der angehaltenen Bewegungen wieder zu fließen. Ein sehr berührender Moment, an den ich mich als Begleiterin noch sehr gut erinnere. Ihre Tränen der Entladung flossen, Tränen, die sie aus Tapferkeit zurückgehalten hatte. Der neue Kontakt zu ihrer Handlungskraft war wieder hergestellt, die Hände begannen, sich frei und schön zu bewegen. So wuchs in ihr auch der Mut zu neuen Handlungen und Projekten in ihrem Leben. Sie konnte vieles wieder im wahrsten Sinne des Wortes anpacken und in die Hand nehmen. Ihre innere Stabilität war wieder in Balance. Ressourcen im Körper schenkten Anne F. Tränen der Erleichterung und befreiten ihre Bewegungen.

Das Besondere und Schöne an dieser prozess- und körperorientierten Arbeit ist die Fähigkeit zu sehen, wie allein durch liebevolles, aufmerksames Hineinfühlen der Körper Raum und Zeit bekommt, sich selbst zu regulieren.

Zeit für eine Pause

Gönnen Sie sich jetzt vielleicht eine kleine Pause vom Lesen und hören Sie in die beiliegende CD hinein. Die Musik und meine Stimme geben Ihnen sicher Raum und Zeit, in das bewusste Fühlen im Jetzt zu kommen. Lassen Sie sich doch überraschen, an welche Ressourcen Sie sich heute erinnern und welche angehaltenen Bewegungen und Verspannungen sich vielleicht augenblicklich lösen. Erleichternde Tränen dürfen fließen – dann kehrt das Lächeln zurück!

Übung »Abendgruß an mich«

Schreiben Sie, wenn möglich, jeden Abend neue Ressourcen in Ihr Tagebuch, um Ihre »Schatzkiste der Kraftquellen« für sich festzuhalten und stetig zu erweitern.
Falls Sie in eine herausfordernde Situation kommen oder etwas zu bewältigen haben, ist es gut, die Inhalte der Schatzkiste immer wieder lesen zu können und sich so jederzeit zu erinnern und vor allem in die guten Körperwahrnehmungen zurückzufinden.

Entladungen willkommen heißen

Auch schon bei der Erinnerung an Ressourcen, bei denen der Körper sich ausdehnt, entspannt und weit wird, kann es zu Entladungen kommen. Diese sind immer sehr willkommen, da sie ja alte, angehaltene Bewegungen im Körper waren und sich nun vollenden dürfen. Das Nervensystem hat durch die Signale der Ressourcen das Tor leicht geöffnet. Durch den guten Körperkontakt und das Gefühl von Weite erleben wir ein Signal von Sicherheit. Es ist, als ob die Pausentaste gelöst würde und die sinnvollen körperlichen Reaktionen endlich abgeschlossen werden. Nehmen Sie diesen Vorgang als Geschenk an. Das Gute ist: Sie müssen gar nicht mehr wissen, aus welchem Erlebnis diese angehaltene Bewegung stammt.

Bei meiner Klientin Anne F. war das Bild der starren Arme von damals mit der Bewegung heute noch verkoppelt. Durch die guten, stabilen Ressourcen, die wir vorher freigelegt hatten, konnte sie auch das alte Erlebnis mit einer anderen Wertigkeit und Gelassenheit annehmen. Auch wenn Sie sich nicht im Detail an frühere Erlebnisse erinnern, ist eine Lösung der angehaltenen Gefühle möglich.

Intuition als Ressource

Durch die Intuitionsschulung stärken wir unseren inneren Halt. Je mehr Zugang wir zu unserer inneren Weisheit haben und unserem Bauchgefühl vertrauen, desto mehr sind wir gestärkt für all unsere Entscheidungen. Wenn Sie einmal angefangen haben zu vertrauen, erfahren Sie Ihre Intuition als eine segensreiche Führung im Leben. Aus Ihrem Vertrauen wird zunehmende Gewissheit. Und Sie erlauben sich mehr und mehr, ihr zu folgen. Intuition ist eine

Intelligenz, die nicht nur im Gehirn stattfindet – sie ist eine Art Herzenssprache, auf die wir hören.

Die Antennen unserer ganzheitlichen Intuition »sitzen« im ganzen Körper, in unserem Zellsystem sowie in allen feinstofflichen Ebenen um unseren Körper herum. ***Je mehr Sie in Ihrem inneren Körper verankert sind, desto stärker können Sie die Weisheit Ihrer Intuition fühlen und sie mit allen Sinnen dem Gegenwärtigen öffnen.*** Wir fühlen dann eine Verbindung zu allem Leben, mit der Natur und dem ganzen Universum. Der wichtigste Signal-Empfänger ist unser Herz: Wenn es schlägt, sendet es elektromagnetische Wellen aus, und diese treffen auf andere Herzen. Ist Ihre Intuition ausgedehnt und entwickelt, ist sie wie ein Kompass des Lebens und der Liebe! Sie fühlen, nehmen wahr, was Ihnen guttut, Sie entscheiden sich für den Weg der Freude und Liebe! Somit entwickeln Sie tiefes Mitgefühl für alle Wesen!

Sie fühlen auch die wirkliche Bestimmung Ihres wirklichen Wesens. Sie hören hin, Sie spüren bewusst und lernen, sich auszudrücken und zu verwirklichen. Sie vertrauen, da Sie mehr und mehr spüren, was in diesem Moment für Sie wichtig ist. Sie erleben Geistesblitze und Impulse, die Ihnen klare Signale für Ihren Weg zeigen. So erleben Sie – sei es im Herzen oder als geistigen oder körperlichen Impuls – immer mehr Sicherheit, Ihrem eigenen Weg zu folgen. Sie fühlen es wie einen Rückenwind, der Sie standhaft in der Mitte stärkt! Durch diese wache Intuition erkennen Sie auch mehr Ihre wahren Bedürfnisse an.

Da wir alle in stetiger Veränderung leben und teilhaben an dem Schöpfungsprozess des Lebens, dient uns die Intuition als große Kraft. Wir erhalten Antworten auf Fragen im Berufsleben und fühlen mehr Entschiedenheit und innere Führung in allen Lebensthemen – je mehr wir dem folgen, was uns gegenwärtig wirklich guttut. So erleben wir oft unerwartete, wundervolle Ereignisse und Erfüllungen. Wir lassen nicht-stimmige Lebenssituationen und Handlungen los, wir verabschieden Dinge, die für uns widersinnig sind, und wir essen Nahrung, die uns wirklich Kraft schenkt.

Ja, Ihre ganze wache Aufmerksamkeit orientiert sich so mehr an Sinnhaftigkeit und Freude! Ihre Intuition hilft Ihnen auch auf dem Weg der Versöhnung mit anderen Menschen, Kulturen und unterschiedlichen Denkmodellen. Sie hilft Ihnen, aus Ihrem Herzen zu handeln und aus tiefstem Herzen andere zu verstehen. Ihre Intuition stärkt die Anbindung an Ihre innere Führung und zeigt Ihnen kreative Wege auf, wie Sie in schwierigen Beziehungen und Situationen neue Lösungen finden.

In meiner Arbeit als Bewusstseinstrainerin und Coach entsteht der heilende Raum aus der Gegenwärtigkeit und der Intuition. Im Vertrauen auf die guten Lösungen und Liebeskräfte meines Gegenübers gelingt ein Weg aus dem Engpass in die kräftige Mitte und in die weite Schöpferkraft zurück.

Was kann Ihre Intuition stärken? Wie können Sie Ihr Vertrauen in die eigenen inneren Bewegungen vertiefen und danach leben?

Einige Fragen zur Selbstreflexion mögen Ihnen Impulse zur Schulung Ihrer Intuition schenken.

Reflexion »Intuition«

Wenn Sie eine Entscheidung treffen müssen, überprüfen Sie immer wieder Ihre Motivation, und fragen Sie sich dann:
Tue ich das, weil es von mir erwartet wird, oder folge ich der Stimme meines Herzens?
Fragen Sie sich, wenn Ihre Energie ein ganzer Kuchen ist (also 100 Prozent):
Zu wie viel Prozent treffe ich meine Entscheidungen mit Freude?
Wie viel Prozent sind Vernunftentscheidungen, vermeintliche Verpflichtungen, Unlust etc.?

Wenn Sie an einer Weggabelung stehen, an der Sie entscheiden müssen, in welche Richtung Sie weitergehen wollen – sei es in Beziehungen, im Beruf, in bestimmten Situationen:
Wie oft erlauben Sie sich, aus der Intuition heraus zu entscheiden?
Wie oft lassen Sie Ihr tiefes Körpergefühl entscheiden?

Klare Entscheidungen für sich zu treffen heißt: vollkommen die Verantwortung für sein Leben zu übernehmen.

Singen als Ressource

Wie könnte es jemand besser ausdrücken als derjenige, der täglich den Menschen das freie Singen vermittelt? Schon einige Male durfte ich in den Genuss von Raimunds Singworkshops kommen, und jedes Mal bin ich begeistert. Das gemeinsame Singen mit anderen öffnet unsere Herzen, schenkt uns Verbundenheit und stabilisiert unsere Mitte.

Raimund Mauch lebt in der Bodenseeregion und beschreibt es 2018 in einem Werbeprospekt so: »Singen ist ideal, um innerhalb kürzester Zeit aus dem Alltag auszutreten und neue Kraft zu schöpfen. (…) Mal laut, mal leise, sehr kraftvoll, dann wieder ganz fein, von hoch bis tief, von feurig bis freudig schön. Und immer mit dem Instrument ›Körper‹ verbunden, in Bewegung, im Rhythmus. So entsteht ein ausdrucksstarker Chor, in dem jeder Einzelne die Grundlagen der Stimmbildung mitbekommt. Die Basis, um seine ureigene Stimme wieder zu entdecken. (…) Es werden kurze, sich wiederholende Lieder mit einfachen Texten sein. Bald wird daraus mehr als bloßes Singen: Der Kopf wird frei, der Verstand kommt zur Ruhe. Die Sinne werden aufmerksamer, und der Geist weitet sich, die innere Stimme wird wieder hörbar. So nehmen wir wieder mehr wahr, was wir wirklich brauchen, können klarer sehen, was uns wichtig ist. Innerhalb kürzester Zeit wächst eine Gruppe zusammen. Die Wiederholung der Gesänge schafft Vertrauen in die eigene Stimme und in den gemeinsamen Klang. Der Gesang wird zur Quelle von Kraft und Lebensfreude. Dieses freie Singen birgt ein wichtiges soziales und gesundheitsförderndes Potenzial in sich: Es beeinflusst die ›Chemie‹ unseres Gehirns und damit unsere Emotionen. Es reguliert und harmonisiert dadurch die psychischen Prozesse. Es hebt das Selbstbewusstsein und ruft Gefühle von Freude und Zufriedenheit hervor.«

Wenn Sie nicht die Möglichkeit haben, so einen Workshop oder Abend mitzumachen, gönnen Sie sich doch für sich selbst Zeit zum Singen, zum Beispiel beim Spülen, unter der Dusche, auf Spaziergängen im Wald oder am Meer. Vielleicht kennen Sie ja heilige Mantras oder geistliche Lieder oder andere Texte und Melodien, die Ihr Herz berühren, dann singen Sie einfach los. Singen bringt uns ins Gleichgewicht. Falls Ihnen jemand früher eingeredet hat, Sie könnten nicht singen, was leider vielen Menschen passiert ist, sollten Sie es gerade jetzt tun und erkennen, wie Ihre Stimme sich heute entfalten kann. In meinen Seminaren singen wir auch immer wieder zusammen oder tönen ohne Text frei als Gruppe. Dieser Klangteppich, der daraus entsteht, ist wahrlich eine große Kraft, Liebe und Aufmerksamkeit, die uns in die Gegenwart bringt. Auch beim Singen und Tönen gibt es manchmal spontane Entladungen, die Sie ja jetzt schon etwas aus der vorher beschriebenen Trauma-Arbeit kennen.

Aus meinem Leben

Ich selbst hatte einmal in jungen Jahren ein sehr berührendes Erlebnis in einer Seminargruppe, in der es vor allem um den Seelengesang ging. Wir sollten frei tönen, was gerade da war im Herzen.

Nach einer Weile sang ich immer tiefere Töne, es war, als ob es durch mich singt. Gleichzeitig kam ich im inneren Erleben an einen Schmerz, der schon einige Jahre zurücklag, der Schmerz der Fehlgeburt meines dritten Kindes.

Der Leiter der Seminargruppe ermutigte mich, den »Schmerz« zu singen, und ich nahm diese Einladung dankend an, da ich ohnehin schon vollkommen darin war. Es war unglaublich, welche Töne und Schmerzensschreie aus mir herauskamen. Die Stimme ging ihren eigenen Weg, und nach einer Weile, es kam mir sehr lange vor, war aller Schmerz »besungen«, und es waren nur noch reine Klänge der Liebe zu hören. Es war für mich ein überwältigendes und erlösendes Erlebnis zugleich. Ich kam mir vor wie die Frauen, die in Jerusalem an der Klagemauer singen, um den schweren Verlust ihrer gefallenen Männer auszudrücken.

Viel später, als ich die SE-Arbeit von Peter Levine kennenlernte, konnte ich diese Erfahrung noch einmal ganz anders begreifen: Es war eine »singende Entladung«. Heute ermutige ich viele junge Musiker und Sängerinnen, die zu mir in das Coaching oder in die Seminare kommen, ihre Schmerzen zu singen oder sie mit einem Ton auszudrücken. Diese Art von »Gesangsstunden« sprechen sie dann immer ganz besonders an, da sie danach mehr Tiefe in der Stimme haben und gleichzeitig alte, angehaltene Bewegungen erlösen und zu Ende bringen. Ihre Kraft ist dann wieder in der stärkenden Gegenwart.

Vor allem Sängerinnen bestätigten mir nach einem solchen »Coaching« später häufig, dass sie anschließend viel freier und natürlicher auf der Bühne stehen konnten und sich viel mehr mit ihrem Körper verbunden fühlten. Ihre Selbstsicherheit und ihre Gesangskraft hatten sich stabilisiert.

Beispiel aus meiner Coaching-Praxis

Ein Paar kam in meine Praxis, da es sich scheiden lassen wollte, und wünschte sich Unterstützung, um gemeinsam zu einem guten Ende zu finden. Nach einem längeren Einführungsgespräch und durch die Zeit, in der ich die beiden wahrnehmen konnte, erkannte ich, dass sie vollkommen verschiedene Sprachen der Liebe hatten und eine Verständigung so gut wie nicht mehr möglich war. Der Mann, ein Ingenieur, der zum ersten Mal in einem Paar-Coaching war, war sehr streng mit sich oder, wie er betonte, »sehr kopflastig«. Ich bot ihm eine spielerische Übung an, damit er erkennen konnte, dass er nicht kopflastig, sondern vielmehr hinter der Fassade ein hochsensibler Mann ist. Er ließ sich auf diese kleine Übung ein:

Ich bat ihn sich vorzustellen, dass sein Kopf (ich gab ihm ein Kissen dafür) auf seinem Schoß sitzt und er diesen wunderbaren Kopf streichelt und alle Gefühle, die er dabei haben würde, tönte. Als er begann, waren seine Frau und ich sehr überrascht, welche wundervolle Gesangsstimme aus ihm herauskam. Er war wohl auch sehr berührt davon, da er üblicherweise nie sang. Ich half ihm zu Beginn, durch etwas »Mittönen« in diese Art von Seelengesang zu finden. So kam recht schnell diese sehr große

Ressource in ihm zum Vorschein. Ich nutzte diese neue Kraft und bat ihn, diese Übung auszuweiten und seiner Frau all seine Liebe und Dankbarkeit für die gemeinsamen Jahre zu »singen« bzw. zu tönen, wie immer es aus ihm herauskam. Er gab sich tatsächlich, zunächst mit geschlossenen Augen, dieser für ihn doch herausfordernden Übung hin.

Ich kann gar nicht mit Worten beschreiben, wie herzerfüllend und liebevoll seine Stimme in diesem Gesang ertönte. Seine Frau bat ich, ihn dabei anzuschauen. Ihre Tränen der Rührung flossen augenblicklich. Diese Sprache der Liebe hatte sie noch nie von ihrem Mann gehört. Ihre Herzen öffneten sich in diesem Moment wieder ganz neu, sie waren beide so erstaunt, was mit ihnen »geschah«. Dabei hatten sie durch eine neue Kommunikationsebene und durch das Singen ihren gemeinsamen Herzensraum wiedergefunden, was vorher, lediglich mit Worten, nicht mehr möglich gewesen war.
Nach diesen zwei Stunden und dieser besonderen Erfahrung sowie ihrer neuen Annäherung gingen sie Hand in Hand nach Hause, sie wollten alles erst einmal wirken lassen und doch schauen, welche gemeinsamen Liebessprachen sie noch entdecken und entwickeln könnten.

Die Kraft der singenden Mantras

Eine weitere kraftvolle Form, um den inneren Halt zu stärken und in Balance zurückzufinden, ist das Singen von Mantras. Mantra bedeutet übersetzt Schutz des Geistes und steht für ein heiliges

Wort, eine heilige Silbe. Traditionellerweise wird ein Mantra von einem Lehrer an einen Schüler weitergegeben. Wiederholt dieser sein Mantra und ist sich der tiefen Bedeutung bewusst, kann die Wirkung tief und erfüllend sein. Um Mantras zu singen oder zu rezitieren, muss man kein Sanskrit studiert haben. Um die energetischen Wirkungen zu aktivieren, ist vor allen Dingen bewusste Hingabe wichtig, denn es wirkt nicht auf der Verstandesebene, sondern auf der geistigen, seelischen. Durch die ständige Wiederholung in einem bestimmten Rhythmus entstehen Klang-Schwingungen, die auf die gesamte Atmosphäre wirken. Diese heilende Kraft durchdringt den ganzen Körper, bis in unsere Seele. Aus verschiedenen spirituellen Richtungen gibt es unterschiedliche Mantras, diese helfen uns, unseren Verstand und unsere Gedanken zu beruhigen und den Fokus auf das innere Selbst auszurichten. Eines der tiefsten und intensivsten Mantras aus dem Buddhismus ist das »Om mani padme hum«, darin drücken sich ein grundlegendes Mitgefühl und der Wunsch nach Befreiung aus.

Das Mantra-Singen ist für mich einer der schönsten Wege, mit meinem göttlichen Selbst in Kontakt zu treten. Wer sich davon angesprochen fühlt, dem empfehle ich die Musik meiner lieben Herzensfreunde Miten und Premal sowie Satyaa und Pari. Sie haben zahlreiche wundervolle Mantras in die ganze Welt getragen. Ihre Gesänge sind durchdrungen von bedingungsloser Liebe und der Weite des Kosmos. Das Besondere an ihren Konzerten ist, dass auf jedes gesungene Mantra eine Phase der Stille folgt. Gerade dieser heilende, heilige Raum der Stille bringt sie noch tiefer zu sich selbst.

Vielen Menschen gelingt es nicht, sich einfach hinzusetzen und still zu sein und ihre Gedanken weiterziehen zu lassen. Da ist der gemeinsame Gesang eine wunderbare Brücke. Es ist nicht etwas, was Sie »machen« können, vielmehr schenken Sie sich den Raum und die Öffnung für eine göttliche Erfahrung. Besonders in einer gleichgesinnten Gruppe, so wie ich es auch in meinen Ferienseminaren oder den Lifetrainer-Weiterbildungen erlebe, in denen meine Teilnehmer sehr nah und miteinander bewusst und liebevoll umgehen, gelingt es fast jedem, diesen heiligen inneren Raum zu erfahren. Die Liebe, die alles umarmt, ist in solchen Augenblicken besonders spürbar. Und so können viele heilende Bewegungen daraus entstehen.

Beginnen Sie gleich heute, Ihr eigenes Lied zu finden, tönen Sie einmal Ihrem Partner ein »Liebeslied«, und spüren Sie, wie dadurch Körperentladungen möglich sind. Im gemeinsamen Singen des Urtons OM entstehen bekanntermaßen ebenfalls wertvolle, heilende Bewegungen.

7. DIE FÜNF HEILENDEN SCHLÜSSEL FÜR IHRE STABILE MITTE

1. Selbstannahme

Wir alle kennen solche Augenblicke, in denen wir uns besonders mögen, oder aber auch solche, in denen wir uns sehr kritisch betrachten. Um sich gut annehmen zu können, braucht es einen »vollen Tank« mit Liebe. Denn die Liebe, die wir sind, kann alles umarmen, was wir sind. Diese Selbstannahme heißt für mich, dass ich mich mit meinen Stärken und scheinbaren Schwächen, mit meinen Talenten und Kräften akzeptiere. So wie ich bin. Wir alle wissen, dass Liebe ein großes Wort ist, und doch hat mich das Leben bis heute so geschult und eingeweiht, dass ich immer wieder erleben konnte, dass es nur durch Liebe und Mitgefühl Selbstakzeptanz gibt. Haben wir es einmal erlebt, dass ein Mensch – vielleicht ein spiritueller Lehrer, unsere Großeltern, unsere Mutter oder unser Vater – uns bedingungslos liebt, sind wir unserer Selbstannahme ein großes Stück näher. Menschen, die nie wirklich umarmt wurden oder sogar missbraucht, fällt die Selbstannahme zunächst sehr schwer.

Beispiel aus meiner Coaching-Praxis

Eine junge Klientin, eine sehr hübsche Frau, kam zu mir in die Praxis mit dem Thema: »Ich kann mich selbst nur schwer annehmen.« Bei so einer zauberhaften jungen Frau ist das für Außenstehende kaum vorstellbar. Behutsam schauten wir uns ihr Schicksal an und stellten fest, dass ihre Großmutter väterlicherseits das Kind einer Vergewaltigung im Krieg war. Diese schmerzhafte übernommene Gefühlswelt der Großmutter hatte meine Klientin unbewusst in ihrer »Kinderliebe« übernommen. Dieser Begriff kommt aus der systemischen Aufstellungsarbeit und bedeutet, dass wir aus tiefer Zugehörigkeit zur Familie und dem Wunsch nach Ausgleich des schweren Schicksals oft ein Leid der Ahnen übernehmen. Wir nennen das auch »blinde« Liebe, da Gefühle und Leid unbewusst übernommen werden.

Natürlich war das auch meiner Klientin nicht bewusst. Liebevoll und von ganzem Herzen konnte sie nach einer Weile das Schicksal ihrer Großmutter und deren Entstehung tief in ihrem Herzen umarmen. Eine große Last fiel von ihr ab, und plötzlich hatte sie ein Gefühl von sich selbst. In dem Moment, wo die junge Frau den Strom des Lebens, der auch durch ihre Großmutter zu ihr geflossen ist, annehmen konnte, begann der Prozess der Selbstannahme in ihr. Der Lebens- und Liebesfluss war im Schicksal an dieser Stelle unterbrochen. Dieses Annehmen des Schicksals ihrer Großmutter war für sie ein demütiger Vollzug. Sie konnte dem Lebensfluss, wie er durch ihre Großmutter und damit auch durch ihren Vater zu ihr kam, zustimmen und damit ihre eigene Lebensenergie wieder fühlen und annehmen.

Interessanterweise erzählte mir die Klientin später, dass sie ihrer Großmutter auch sehr ähnlich sieht. Als sie das besondere Schicksal der Großmutter nun annehmen konnte, konnte sie endlich auch beginnen, ihre eigene Schönheit zu entdecken und ihr Leben für sich anzunehmen. Das mag einfach klingen, doch der Prozess der Selbstannahme kann natürlich manchmal Monate oder Jahre dauern.

Viele Menschen kennen solche Gefühle, meistens jedoch ist ihnen nicht bewusst, dass es sich um »übernommene Gefühle« handelt. Wie dieses Beispiel zeigt, ist die Lösung die liebende Umarmung des Schicksals. Ich gehe später im Kraftübungsteil noch darauf ein, wie Sie selbst durch gezielte Übungen übernommene Gefühle erkennen und lösen können. In welchem Umfang ich mich selber annehmen kann, so wie ich bin, hängt auch von meiner eigenen Selbsterkenntnis ab. Wenn ich mir meiner Selbst bewusst bin und schon einige Selbsterfahrungen gelebt habe, kann ich mich immer besser akzeptieren und annehmen.

Thomas Schmelzer von Mystica TV, Buchautor und Regisseur, sagt dazu: »Innere Arbeit führt dazu, dass wir lernen, achtsamer wahrzunehmen, was um uns herum und in uns gesehen werden möchte. Oft braucht es keine Therapie, sondern nur ein offenes Herz, Achtsamkeit und den Mut, offen hinzuschauen.«[6]

Immer wieder gibt es natürlich Situationen im Leben, in denen wir nicht alleine zurechtkommen. Dann brauchen wir die Hilfe und Unterstützung von einfühlsamen Menschen und hochschwingenden Liebeskräften. Es gibt auch Orte, wo wir diese erfahren und neue Energie schöpfen können. Ich habe es erlebt im goldenen Tempel in Nordindien, im Ramana-Ashram in Südindien und bei Joao de Deos in Brasilien. An vielen Orten dieser Welt, wo aufrichtig und bewusst die Kraft der Liebe schwingt, auch durch gemeinsame Gebete, haben wir einen optimalen Schutzraum, uns nach innen zu begeben und uns anzunehmen, wie wir sind. Wir können dann auch jegliche Trauer, Hilflosigkeit, Scham, Wut immer tiefer in uns umarmen.

Ich durfte dies sehr berührend schon in jungen Jahren bei Amma erleben, der indischen göttlichen Mutter, die alle Menschen, die zu ihr kommen, umarmt. Einige Jahre besuchte ich Amma, wenn sie nach Deutschland oder in die Schweiz kam. In ihren Armen fühlte ich ein so tiefes Angenommensein, dass Zeit und Raum verschwanden. Meine Alltagsprobleme kamen mir so unwichtig vor, und nach einiger Zeit in ihrem Liebeskraftfeld wurde alles still in mir. Meditation geschah dort wie von selbst. Solche besonderen Begegnungen im Leben schenken großen Segen und viel Unterstützung in unserem Selbstfindungsprozess. Ich bin sehr dankbar für all die wundervollen Lehrer und Meister, denen ich begegnen durfte, die mir ein Tor zu mir selbst geöffnet haben.

Entscheidend ist dabei, zu erkennen, dass solche Orte und Menschen Brücken zu uns selbst sind, und es nicht darum geht, die Verantwortung abzugeben und sie wie ein Kind in andere Hände zu legen. Vielmehr geht es darum, in die eigene Verantwortung zu finden. Ein Meister, zum Beispiel in spirituellen Gemeinschaften, ist da, um dich an deine eigene Meisterschaft zu erinnern. Je mehr wir Menschen uns selbst kennen und wertschätzen, desto mehr können wir auch andere Menschen annehmen, so wie sie sind.

Welche Gefühle und Gedanken empfinden Sie gerade?
Ist Ihre Selbstannahme tief in Ihrem Herzen verankert?
Was lieben Sie besonders an sich selbst?
Welche Eigenschaften, Seiten, Verhaltensweisen fallen Ihnen noch schwer anzunehmen?

Schenken Sie sich Zeit, um sich und Ihre Beziehung zu sich selbst ein wenig genauer zu erforschen, oder sprechen Sie mit Ihrem Partner oder Freund darüber. Lassen Sie all diese vielen Bewertungen und Vergleiche beiseite und unterstützen Sie sich selbst mit wertschätzenden, guten Worten. In der liebevollen Hinwendung zu sich selbst geschieht die Selbstannahme intensiver.

Beispiel aus meiner Coaching-Praxis

Ein Klient kam sehr traurig in meine Beratung, da seine Freundin ihn verlassen hatte. Er aktivierte mit meiner Unterstützung in dieser ersten Stunde einige Ressourcen – aus Situationen mit anderen Menschen. Dadurch lernte er, jegliche Bilder aus seinem Kopf zu entlassen und sich ganz dem eigenen, achtsamen Spüren seiner Traurigkeit im Körper hinzugeben.

Es ging also nicht mehr um die Geschichte, sondern vielmehr um sein bewusstes Fühlen im Körper. Diese heilende Bewegung, die natürlich auch zur Entladung von vielen Tränen führte, brachte ihm die Kraft, zurück in die Gegenwart zu kommen. Schritt für Schritt konnte er so mit den Wellen seines Schmerzes umzugehen lernen und in dieser neuen Lebenssituation wieder inneren Halt finden. Durch die liebende Selbstannahme dieser Körperempfindung gelang es meinem Klienten, viel leichter mit der neuen Situation der Trennung umzugehen. Durch die neu gewonnene Kraft konnte er langsam auch andere ressourcenvolle Perspektiven entwickeln und sich wieder seinen Hobbys, wie im Chor singen und Kochen, widmen.

Liebe Leserinnen und Leser, achten Sie die Bewegungen in Ihrem Körper. Lernen Sie neue Wege kennen, wie Sie sich in Stresssituationen beruhigen können. Meditation und achtsame Übungen, wie das bewusste Fühlen oder aus dem Yoga oder Qi Gong, können Ihnen dabei helfen, ohne dass Sie zu künstlichen Hilfsmitteln (Drogen, Alkohol etc.) greifen müssen. Wie meine Klienten und Seminarteilnehmer können auch Sie die beiliegende Meditations-CD nutzen, um jeden Tag in diesem bewussten Fühlen einen heilenden Schritt weiterzugehen.

Interessanterweise schreiben zahlreiche Ratgeber mehr über die vermeintlich negativen Dinge im Leben, die sie als sogenannte »Schattenseiten« bezeichnen, und weniger über das Leichte und Schöne. Meine Erfahrung aus vielen Jahren der Begleitung von Menschen ist, dass die Menschen viel leichter mit ihrem Leid, mit Ängsten, Unachtsamkeit, Ungeduld oder Wut umgehen können als mit der Größe und Kraft und Schönheit ihres Selbst. Es fällt vielen schwer, ihr Leid und die damit verbundenen Abhängigkeiten loszulassen und sich anzunehmen, da die frei gewordene Energie dann zur Selbstverantwortung aufruft. Immer wieder ermutige ich Menschen, sich ihrer Potenziale und Einmaligkeit bewusst zu werden und die Verantwortung für sich zu übernehmen.

Ich lade auch Sie ein …
Haben Sie den Mut und die Freude, sich mit Ihren wunderbarsten Eigenschaften, mit Ihrer größten Kraft, mit Ihren herrlichsten Talenten zu sehen und der Welt zu zeigen. Trauen Sie sich noch mehr zu! Öffnen Sie Ihr Herz der Liebe, die Sie sind! Umarmen Sie all die Empfindungen, die kommen und gehen. Gefühle sind immer flüchtige Zustände. Umarmen Sie auch die Bilder und Gedanken, die in Ihnen aufsteigen. Denn alles, was Sie bewegt, möchte wertgeschätzt und angenommen werden.

Beginnen Sie selbst damit, sich eines Ihrer »Störgefühle« vorzunehmen und dieses im Inneren zu umarmen und vielleicht sogar dabei zu erkennen, dass dahinter immer ein Trauma, eine verletzende Situation oder ein anderes schweres Ereignis steht.

In unserer inneren Mitte ist unser wahres Zuhause. Um diesen inneren Frieden wiederzuerlangen, ist es von großem Wert, wenn wir uns zentrieren und heilen. Jeder Mensch hat seine eigene individuelle Art, zu sich selbst zu kommen. All die Impulse und heilenden Schlüssel für unsere stabile Mitte sind Anregungen und Orientierungshilfen. Solange wir die eigene Lebensmitte noch nicht kennengelernt haben, uns in den inneren Zuständen nicht sicher fühlen, vielleicht auch nicht wissen, wie man damit umgehen kann, treiben wir wie Schiffbrüchige hilflos im Inneren herum; kommt dann eine neue Welle, werden wir von ihr mitgerissen. Wir alle kennen dieses Auf und Ab in unseren Alltagssituationen, dabei werden wir manchmal auch von größeren Wellen erfasst. Für manche Menschen ist das ein sehr unangenehmes Gefühl des vollkommenen Ausgeliefertseins.

Lernen wir, uns selbst anzunehmen und auch neue Wege kennen, die uns aufzeigen, wie wir mit all unseren Emotionen gut umgehen können, wächst die innere Reife und Sicherheit. In der bewussten Selbstannahme lernen wir uns als göttlich reife Menschen kennen. Solange wir uns ständig verurteilen, kritisieren und vergleichen, erleben wir eine innere Spaltung, und dabei verlassen wir unsere innere Mitte, in der aller Frieden und Liebe sind.

Wodurch auch immer wir bewusst oder unbewusst die innere Mitte verlassen haben, sind wir den Emotionen alter Muster und abgespaltener Anteile gefolgt.

Was können wir noch tun, um in diese innere wirkliche Selbstannahme zu kommen? Wir erlauben uns, bewusst zu sein, dass wir keine Opfer sind. Alle Opferrollen kommen aus der inneren Abspaltung. Kehren wir zur inneren Mitte zurück, die wir auch die heilige Mitte nennen können, in der es nur Liebe und Frieden gibt, entsteht ein Raum in uns, der alles, was kommt und geht, umarmt.

Vielleicht haben Sie solche Momente schon erlebt in einer wunderbaren Meditation, in einem Konzert, bei einem tief berührenden Sonnenuntergang oder bei einem Spaziergang im Wald. In diesem Frieden mit sich selbst öffnet sich in uns das Tor zur Liebe und Fülle. Aus diesem inneren Raum heraus können wir uns ganz annehmen. Es ist ein Zustand im tiefsten Einklang mit sich und der eigenen inneren Welt. Stärken wir die Selbstannahme, stärken wir damit auch unsere Selbstliebe.

2. Selbstliebe

In dieser Selbstliebe erkennen wir, dass alles – wer wir sind und was wir erleben – uns zur Selbsterkenntnis dient. Auch alle »Störgefühle« helfen uns, bewusst zu werden, wo wir stehen. Leben wir in Unwissenheit, Verwirrung, Neid, Eifersucht, Wut oder Stolz, fühlen wir uns unfähig, in die Freude zu kommen und uns wirklich anzunehmen, mit allem, was wir sind. All diese sogenannten »Störgefühle« kommen aus unserem Schicksal, aus früheren Erfahrungen und teilweise noch aus alten Inkarnationen oder dem Schmerz vorangegangener Generationen. Wenn wir beginnen, in unserer Selbstliebe die alten Erfahrungen und Geschichten mit ganzer

Liebe zu umarmen, all die Schmerzen zu entladen, die noch in unserem Körper angehalten sind, beginnen der Reifungsprozess und unsere Heilung.

Dann erkennen wir, dass uns all diese Muster und Eigenschaften von uns selbst und damit auch von anderen Menschen getrennt haben. Meine Erfahrung hat mich gelehrt, dass der Weg zum inneren Einklang nur in Liebe und Mitgefühl gelingt. Die Liebe ist die größte Kraft, die auch die größten Störgefühle und Emotionen sowie Verwirrungen umarmen kann.

Hier zitiere ich gerne noch mal Thomas Schmelzer, einen langjährigen Freund, der in seinem Leben schon viele Herausforderungen gemeistert hat. In seinem Buch »Die Stille in mir« schreibt er:

»Nur das Mitgefühl kann den tiefen Schmerz auflösen, den wir seit Jahren ganz allein mit uns herumtragen. Über unser Mitgefühl haben wir die Fähigkeit, den Schmerz in ein einfaches Gefühl umzuwandeln. Genauso wie unser Körper Nahrung benötigt, brauchen wir Liebe, körperliche Berührung und Fürsorge. Liebe ist die fehlende Verbindung mit den Menschen, die uns hätten lieben sollen. Mangel an Liebe hat sich in Schmerz verwandelt. Wir können die Verbindung wieder herstellen, wenn wir unseren Schmerz mit Liebe betrachten.«[7]

Eine große Hilfe in meiner Arbeit ist für meine Schüler und Klienten immer wieder die einfache Vorstellung, dass sie viele kleine Kinder in sich haben, die unterschiedliche Verhaltensweisen zeigen. Als liebende Mutter oder liebender Vater lieben sie diese Kinder in ihrer ganzen Essenz, mit all ihren Seiten und Facetten, und können sie innerlich offen und aufrichtig umarmen. Versuchen Sie es doch einmal: Diese Metapher dient dazu, sich selbst in all seinen unterschiedlichen Verhaltensweisen anzunehmen. Gerade die auffälligen, anstrengenden, uns herausfordernden Kinder benötigen viel Liebe und Achtsamkeit, um sich ganz angenommen zu fühlen.

Kommt zum Beispiel Ihr Kind wütend aus der Schule, können Sie auch mit Wut reagieren, dabei kommen Sie wohl beide zu keinem friedlichen Ergebnis. Unter der Wut sitzt oft die unerlöste Traurigkeit, die gesehen und gefühlt werden möchte. Nehmen Sie das Kind in seiner Wut an, nehmen Sie es vielleicht sogar in die Arme, auch wenn es richtig tobt, geben Sie ihm damit das Gefühl, angenommen zu sein, geliebt zu sein, auch wenn es gerade diese Emotion entladen muss. Manchmal hilft auch eine spielerische Kissenschlacht. Schon nach kurzer Zeit gewinnt die Liebe die Oberhand, Ihr wütendes Kind kann sich entspannen und fühlt sich geliebt. Sind diese heftigen Emotionen gelebt und die darunterliegende Traurigkeit sichtbar, vielleicht sogar einige Tränen geflossen, wissen Sie, dass es Tränen der Liebe sind. So findet ihr Kind seinen Weg zur inneren Mitte zurück. Das gelingt allerdings nur, wenn Sie Ihre eigene Wut und die oft dahinterliegende Traurigkeit bereits umarmt haben.

Beispiel aus meiner Coaching-Praxis

Ich erinnere mich an ein Kind, das mit seiner Mutter in die Praxis kam. Diese wusste sich nicht mehr zu helfen. Das Kind zeigte große Verhaltensauffälligkeiten und starke Wutgefühle gegenüber der Mutter und wollte nicht mehr in den Kindergarten gehen. Zunächst half ich dem Kind durch ein längeres Halten. Es war eine lange Zeit, in der es wütend war und dann plötzlich zu weinen begann. Ich bestätigte seine Gefühle und gab ihm die Sicherheit des Gehalten- und Angenommenseins, wozu die Mutter zu der Zeit nicht in der Lage war, da sie selbst hätte gehalten werden müssen.

Nach dieser liebevollen Haltesequenz konnte das Kind sich entspannen und sogar etwas malen. Ich arbeitete dann mit der Mutter weiter und half ihr zu erkennen, was ihre eigene Unsicherheit und Hilflosigkeit hervorrief: Unbewusst fühlte sie sich immer zu ihrem geliebten Zwilling hingezogen, der bei der Geburt verstorben war. Diese »Todessehnsucht« zog sie immer wieder aus der Gegenwart weg. Manchmal verhalten sich Kinder dann auffällig, wenn sie spüren, dass Eltern unbewusst eine derartige Sehnsucht haben, die man oft in der systemischen Arbeit erkennen kann. Sie tun dann alles dafür, in der Nähe der Eltern zu sein, um auf sie »aufzupassen« oder sie mit auffälligem Verhalten in der Gegenwart auf Trab zu halten.

Die Geburt ihres Kindes hatte diese alte, schmerzvolle Erinnerung an ihre eigene Geburt und den Verlust ihres Zwillingsbruders wieder nach oben gebracht. Ihre Aufmerksamkeit war unbewusst mehr bei ihrem Bruder und der Sehnsucht nach ihm als bei ihrem lebenden Kind. Nachdem sie ihren Zwillingsbruder wieder glücklich im Herzen fühlte, ihn mit

Liebe umarmen konnte, begann ihre Selbstliebe wieder zu fließen. Ihre in der Vergangenheit festgehaltene Energie stand dann wieder frei in der Gegenwart zur Verfügung. Sie konnte nun sich selbst und ihr Leben annehmen, im Angesicht des verstorbenen Zwillingsbruders. Viele Wochen später berichtete sie mir, dass sie mit ihrer Tochter ein ganz liebevolles neues Verhältnis habe und ihr Kind wieder fröhlich in den Kindergarten gehen könne.

Wenn wir erkennen, dass Kinder oft auch mit ihren »auffälligen« Verhaltensweisen unbewusst etwas für ihre Eltern tun, beginnen die innere Demut und die Liebe und Dankbarkeit wieder zu fließen. Dann kann die Selbstliebe wieder gedeihen.

3. Selbstfürsorge

Die liebende Selbstfürsorge ist die Basis für jegliche fruchtbare Beziehung. Erst wenn wir uns achtsam und respektvoll uns selbst zuwenden können und uns fürsorglich um uns kümmern, entsteht ein Raum überfließender Liebe, den wir dann gerne mit anderen teilen. Erwarten wir diese Fürsorge immer von außen, von anderen Menschen – Partnern, Kollegen, Nachbarn, Vorgesetzten, Gurus –, begeben wir uns in eine unbewusste Abhängigkeit, die uns kleinhält. Entwickeln wir hingegen die Kraft der Selbstfürsorge, indem wir achtsam auf uns schauen, darauf, was wir denken, sprechen, tun, indem wir liebevoll für uns kochen und uns etwas Gutes gönnen, können wir auch für unsere Mitmenschen, Tiere und die Umwelt Gutes tun und weitergeben. Unser Mitgefühl zu uns selbst erweitert das Mitgefühl zu allen anderen Lebewesen.

Sie haben es sicher auch schon beobachtet, dass Sie andere Menschen oft viel mehr achten und wertschätzen, als Sie sich selbst achten und wertschätzen. Ein Partner, eine Partnerin, von der Sie ständig die Fürsorge wünschen, wird Sie schnell wie ein Kind erleben, dass von ihm, ihr abhängig ist und auch so behandeln. Nur wenn wir uns selber stärken und fürsorglich »versorgen«, haben wir auch die Kraft, uns um andere zu kümmern.

Übernehmen Sie die Verantwortung für Ihre Bedürfnisse und dafür, dass sie erfüllt werden. Warten Sie nicht darauf, dass Ihr Partner oder Freund sich um Sie kümmert. Es gibt Ihnen viel Kraft, wenn Sie sich wirklich selbst achten, beachten und für Ihr Wohl sorgen. Dann gehen Sie gestärkt auf andere zu, die Ihre Hilfe brauchen. Im besten Falle ermutigen Sie auch Ihre Mitmenschen darin, gut für sich selbst zu sorgen. Natürlich ist die Vernetzung und Hilfsbereitschaft untereinander wunderschön und wertvoll. Gesunde Selbstfürsorge muss jedoch in Balance zur Fremdfürsorge sein. Wenn Sie beispielsweise in einem helfenden Beruf tätig sind, ist es wichtig, dass Sie sich auch genug um sich selbst und Ihre eigenen Bedürfnisse kümmern, sonst laufen Sie Gefahr, Ihre Kraft und innere Mitte zu verlieren.

Wenn Sie die Fürsorge immer noch sehr vom Partner »verlangen« und ihr sogar hinterherlaufen, dann fangen Sie jetzt an, sich selbst anzuerkennen, und überlegen Sie, wie Sie sich erfüllen und lieben können. Viele Frauen lieben es, wenn der Mann auch für sich selber sorgen kann und nicht in ihnen die Mutter sucht, die ihn umsorgt. Es gibt aber auch die »Helferinnen«, die gerne Abhängigkeiten aufbauen, um sich gebraucht zu fühlen. Jedoch ist es die Basis einer gut gelingenden Beziehung, wenn beide Partner auf eigenen Beinen stehen und ihr Glück selbst in die Hand nehmen. Suchen Sie sich ein Hobby, besuchen Sie interessante Weiterbildungen, bauen Sie Ihren Freundeskreis weiter aus, genießen Sie einen Tag in der Therme oder beim Wellness. Fahren Sie mit einem Freund oder einer Freundin in die Berge und kommen Sie erfrischt und ausgeruht nach Hause.

Aus meinem Leben

Ich kann mich erinnern, wie es war, als mein früherer Mann, den ich in sehr jungen Jahren kennengelernt hatte, begann, für sich selbst zu sorgen. Es war zu Beginn sehr befremdlich für mich. Ich dachte, ich werde dann überflüssig, da ich ihn sehr gerne umsorgte. Meine Fürsorge hatte damals etwas sehr Mütterliches, und ich gab ihm gerne diese »mütterliche Liebe«, die er bei seiner Mutter teilweise vermisst hatte. Durch unsere Selbsterfahrung und Entwicklung wurde uns aber immer deutlicher, dass sich dadurch die Ebenen verschoben und wir als Mann und Frau zu wenig auf eigenen Beinen standen. Ich erhielt auch von ihm sehr viel liebevolle Fürsorge, doch gleichzeitig hielten wir uns damit auch gegenseitig klein. Wir hatten auch gar nicht wirklich gelernt, uns um uns zu kümmern, wir kamen beide aus großen Familien, wo es oft darum ging, sich um die anderen zu kümmern. Auch aus falsch verstandener christlicher Sicht galt Selbstfürsorge als etwas Egoistisches.

Mit der Zeit entwickelte jeder von uns ein stabiles inneres Kind, um das sich jeder selbst kümmerte. So schoben wir die Verantwortung nicht mehr auf den Partner, für dieses innere Kind zu sorgen. Das gab unserer Partnerschaft damals einen ganz neuen Schwung und Kraft in unserem Erwachsenwerden. Auch die Mann-Frau-Ebene kam dadurch stärker in den Fokus und erhielt wieder mehr Aufmerksamkeit. Heute weiß ich, dass Männer und Frauen, die sich selbst gut versorgen können, auch in der Lage sind, stabil in ihrer Partnerschaft zu stehen und sich gegenseitig aus der Fülle heraus zu beschenken. Auf diese Weise sind auch gut »genährte« Väter und Mütter kraftvoll für ihre Kinder da.

Reflexion »Selbstfürsorge«

Was würde Ihnen heute guttun?
Was brauchen Sie, um sich glücklicher und zufriedener zu fühlen?
Wie können Sie Ihre Batterien aufladen?
Was schenken Sie sich heute?
Welches Hobby oder Talent liegt noch brach und möchte zum Leben erweckt werden?
Achten Sie einmal auf Ihre Bedürfnisse, und umsorgen Sie sich selbst wie einen willkommenen Gast.

Selbstfürsorge heißt auch: Erkennen Sie, wenn Ihnen etwas zu viel ist. Sagen Sie »Nein!« zu dem, was Ihnen nicht guttut. Fragen Sie sich auch, ob Sie das, was Sie tun, mit Freude tun oder nur aus Pflichtgefühl.

Ernährungshinweise

Dass Körper, Seele und Geist eine Einheit bilden und die Gedanken unsere Gefühle steuern können, wissen wir. Umgekehrt kann auch das Gute, das wir unserem Körper tun, unser Empfinden und Wohlbefinden fördern. Ist Ihr Körper eher kalt an Händen und Füßen, kann es sein, dass er warme Nahrung braucht. Und diese Wärme erzeugt wiederum ein Gefühl von Geborgenheit. Ebenso könnte etwas »Kühlendes« das Richtige sein bei Menschen, die hohen Reizüberflutungen ausgesetzt sind, deren Nervensystem aus der Balance gerät und die darauf erhitzt reagieren.

Ich möchte Ihnen hier keine Rezepte oder gar Mittelchen an die Hand geben, sondern Sie vielmehr ermuntern, einmal im Alltag darauf zu achten, wenn sich ein Gefühl von »Haltlosigkeit«, »wenig Erdung« oder Überflutung im Körper zeigt: Welche Nahrungsmittel stabilisieren Sie eher und welche kurbeln Ihre Reizbarkeit an? Alles, was Ihr Nervensystem kraftvoll unterstützt, dient Ihrer inneren Balance und Ihren Selbstregulationskräften. Hierzu empfehle ich auch das Buch: »Das erleuchtete Gehirn« von Alberto Villoldo und David Perlmutter.

Ich möchte Sie anregen und Ihnen Mut machen zu beobachten, wie Ihre Emotionen im Zusammenhang mit Ihrer

Ernährungs- und Lebensweise stehen. Mein persönlicher Plan lautet beispielsweise: Zucker reduzieren, kein Alkohol, viel warmes Gemüse, Nüsse, Beeren und frische Smoothies. Schauen Sie doch einmal, was Ihnen guttut. Eine gesunde, ausgewogene Ernährung kann Ihren Weg zu mehr innerem Halt und Balance deutlich unterstützen.

Nähren Sie sich, und tragen Sie
Ihre Früchte in die Welt!

Wenn Sie alleine überfordert sind, Ihren individuellen Ernährungsplan aufzustellen, wenden Sie sich an professionelle Ernährungsberater, einen ganzheitlichen Arzt oder Heilpraktiker Ihres Vertrauens. Finden Sie für sich selbst heraus, was Ihren inneren Halt stärkt, Ihr Nervensystem ausbalanciert, und erlauben und trauen Sie sich, Neues auszuprobieren.

4. Selbstverantwortung

Mit den folgenden heilenden Sätzen lasse ich oft meine Klienten in Familienaufstellungen zu ihren Eltern sprechen:

»Lieber Vater, liebe Mutter ich danke euch für all eure Fürsorge und Lebensverantwortung, die ihr für mich übernommen habt.

Ab jetzt übernehme ich die volle Selbstverantwortung für mich und mein Leben!«

Sehr oft erleben meine Klienten dabei einen richtigen Kraftschub und fühlen, wie ihre Beine wieder fest auf dem Boden stehen. In dem Moment, in dem wir unsere ganze Lebensverantwortung zu uns zurückholen, reifen wir nach.

Selbstverantwortung stärkt uns in unserer Mitte, und wir können frei unsere Talente und Aufgaben in der Welt leben. Hängen wir die Lebensverantwortung hingegen an Partner, Lehrer, Vorgesetzte, Politiker, spirituelle Führer etc., können wir nicht frei unseren Weg gehen und uns entwickeln, da wir immer Verantwortung verschieben und damit auch einen Teil unserer Kraft abgeben. Wir fühlen unsere Mitte viel stärker, wenn wir unsere Selbstverantwortung selbst tragen.

Übung »Selbstverantwortung«

Sagen Sie sich diesen einfachen Satz und spüren Sie ihn und fühlen Sie, wie Sie ihn immer mehr annehmen:
»Ich entscheide mich heute, ganz bewusst, all meine Lebensverantwortung zu mir zurückzuholen von den Menschen, an die ich sie – bewusst oder unbewusst – abgegeben habe!
Ich entscheide mich für ein selbstverantwortliches Leben. Ich sorge gut für mich und übernehme die Verantwortung für mein Denken, Sprechen und Handeln.«
Spüren Sie, wie dadurch Ihre Mitte und Ihr innerer Halt gestärkt werden? Reflektieren Sie ab und zu und denken immer dann,

wenn Sie dabei sind, Verantwortung abzugeben, an diese heilenden Sätze.
Verurteilen Sie sich auf keinen Fall, wenn Sie sich mal wieder dabei ertappen, Verantwortung abzugeben, sondern üben Sie sich in der wunderbaren Haltung der Selbstliebe, und umarmen Sie Ihr inneres Kind, das in diesem Moment aktiv war und noch nicht ganz auf beiden Beinen stehen kann. Sagen Sie ihm, dass Sie heute als erwachsener Mensch immer mehr die Verantwortung übernehmen und sich um Ihr inneres Wohl kümmern.
Mir hilft es in solchen Augenblicken, dieses Kind in mir innerlich sicher an die Hand zu nehmen oder es fest auf meinem Schoß zu fühlen (beispielsweise mit einem Kissen) und ihm zu sagen: »Ich bin da, ich bin bei Dir und bleibe bei Dir!« So hilft meine erwachsene Frau, die handlungsfähig ist, mein inneres Kind zu beschützen und zu stärken.

Wenn Sie immer noch meinen, die Politiker oder ihr Chef oder Ihre Frau oder wer auch immer seien schuld an Ihrer misslichen Lage, dann haben Sie noch etwas Geduld mit sich, und erkennen Sie, dass Sie hier in die Projektionsfalle geraten sind und Sie einen Teil Ihrer Lebensverantwortung abgegeben haben. Sie wissen nun, dass Sie diese jederzeit wieder zu sich zurückholen können.

Übernehmen Sie auch Verantwortung für Ihr eigenes individuelles Tempo im Leben. Das erspart Ihnen viel Schmerz. Wenn

Sie langsamer sind als andere, dann achten Sie das liebevoll, und teilen Sie es einfach mit: »Ich mache meine Aufgabe gründlich und brauche dafür eine gewisse Zeit.« Jeder Mensch verarbeitet seine Lebensereignisse unterschiedlich schnell, und das ist vollkommen in Ordnung. Werden Sie aber gepusht von anderen, erleben Sie unnötigen Stress. Erlauben Sie sich dann, sich die Zeit zu nehmen, die Sie brauchen, um ein Erlebnis zu verarbeiten und dann gelöst weiterzugehen.

Noch ein wichtiger Hinweis: Wenn Sie die Übung durchführen, stellen Sie sich die Personen einzeln vor und sprechen Sie diese mit ihrem Vornamen an. Ein Beispiel: »Paul, mein lieber Mann, ich danke Dir für alle Lebensverantwortung, die Du für mich, bewusst oder unbewusst, getragen hast – jetzt nehme ich sie vollständig zu mir zurück.«

5. Selbstermächtigung

Wie wäre es, wenn Sie ganz in Ihrer Schöpferkraft und »Macht« stehen würden? Wenn Sie sich erlauben würden, Ihre Ermächtigung zu spüren und zu leben? Wie würde sich das anfühlen?

Selbstermächtigung – wie ich sie verstehe – ist kein Egoismus, sondern die Fähigkeit, sich seiner selbst bewusst zu sein, und aus diesem inneren Raum und in der Anbindung mit der göttlichen Führung zu leben. Ihre innere Ausrichtung ist dabei weniger horizontal, sondern vertikal. In der sogenannten Dualitätsebene kommunizieren wir vom Ich zum Du und zurück. Das bedeutet horizontal. Ausgehend von unserer persönlichen individuellen Geschichte reagieren wir auf unser Gegenüber. Richten wir unsere Aufmerksamkeit auf unsere vertikale Ebene aus, beispielsweise durch Meditation und das bewusste Anbinden an unser höheres Selbst, und geben und fühlen dabei die Energie und Verbundenheit, dann erleben wir uns selbst als ein Teil eines großen Ganzen, aus dem alle Weisheit, Liebe und Gnade fließen.

In dieser »vertikalen« Anbindung komme ich aus meinen oft »engen« Identifikationen von mir heraus und entwickle für mich und meine Mitmenschen mehr Mitgefühl und bedingungslose Liebe.

Reflexion »Eigene Schöpferkraft«

- Wie würde sich Ihr Leben gestalten, wenn Sie »Herr« über Ihre ganze Schöpferkraft wären und eine gesunde Macht übernehmen könnten?
  Wäre es freudiger, bunter, ehrlicher, leichter, geerdeter?
- In welchen Lebensbereichen leben Sie bereits Ihre ganze Schöpferkraft? In welchen Bereichen würde sich Ihre Selbstermächtigung besonders auswirken?
  Würden Sie sich dann endlich auf Ihren Traumjob bewerben? Oder hätten Sie vielleicht den Mut, jetzt, da Ihre Kinder aus dem Haus sind, noch einmal ein Studium zu beginnen oder mit Yoga anzufangen?

- Manche Klienten fordere ich durch eine sehr tiefgreifende, existenzielle Frage auf, genauer hinzuschauen: »Wenn du noch drei Jahre zu leben hättest, was würdest du dann JETZT tun?« Viele Männer und Frauen antworten darauf: »Ja, dann würde ich auf Reisen gehen und einfach mal unterwegs sein und leben.« Darauf antworte ich mit einer nächsten Frage: »Und worauf wartest du? Warum machst du das nicht JETZT?«

Wir müssen nicht erst krank werden, Menschen verlieren, in schmerzliche Situationen kommen, um zu entdecken, dass es noch viel Wunderbares im Leben zu erfahren gibt.
Übernehmen wir die Verantwortung für all unsere Handlungen, bekommen wir Zugang zu unserer ureigenen Schöpferkraft, die immer, wenn wir uns selbst ermächtigen, durch uns fließt. Ich betone ganz bewusst: durch uns fließt. Denn es ist eine große Gnade und Freude, diese göttlichen Gaben und Talente leben zu können.
Indem Sie sich die Erlaubnis geben, öffnet sich eine Tür zu einer gesunden Macht in Ihnen, die Ihre ganze Kreativität, Liebe und Glück fließen lässt – es ist die wundervolle göttliche Macht, die sich endlich ausdrücken möchte.
Falls Sie noch die Bremse angezogen haben, lassen Sie sie jetzt langsam los, ganz in Ihrem Tempo, und entscheiden Sie sich bewusst für Ihre Selbstermächtigung!
Schauen Sie liebevoll hin, was es noch braucht, um selbstermächtigt zu sein und zu handeln.
Haben Sie in Ihrem Leben Vorbilder von Männern und Frauen, die

das schon leben, wo Sie gerne hin möchten, die Ihre Kraft und Selbstermächtigung auf respektvolle Weise und zum Wohle aller Lebewesen leben? Wunderbar – wenn es ein anderer kann, können Sie es auch! Nutzen Sie Ihr Vorbild als Antrieb und als Forschungsimpuls, und lassen Sie die inneren Stimmen mit Kommentaren wie »Ja, der hat ja auch das ..., bei dem ist das auch so ...« gehen.

In unserem Kulturkreis ist es nicht üblich, selbstermächtigt zu leben. Das Wort »Macht« wird oft falsch verstanden, negativ interpretiert und mit »Missbrauch« oder »Gewalt« verknüpft. Besonders in Deutschland wurde viel an Aufarbeitungszeit benötigt und braucht es immer noch, was den Macht-Missbrauch in der Geschichte unseres Landes angeht. Erlauben Sie sich, diese belastete Verkoppelung jetzt loszulassen – entkoppeln Sie diese schwere Verknüpfung aus der Vergangenheit von diesem Wort. Dann steht Ihre göttliche Macht, die ein Geburtsrecht darstellt, blank und klar da. Dann wird Ihr Blick frei, und Sie erkennen die wundervolle Schöpferkraft, die sich frei von Egoismus durch Sie ausdrücken möchte.

Sie beginnen Ihr Leben selbstbestimmt zu leben. ***Haben Sie den Mut, stehen Sie auf, und leben Sie Ihr Leben mit ganzer Kraft, aus Liebe und voller Hingabe zu Ihrem Selbst und zum Wohle aller Lebewesen.***

Was gewinnen Sie, wenn Sie Ihr Leben und Handeln selbstermächtigt gestalten?

Wie fühlt es sich an, frei von manipulativen Kräften zu sein?

Wie spüren Sie die neue Kraft in Ihrem Körper?

Welche Freude können Sie spüren, wenn Sie auch andere Menschen inspirieren, sich selbst zu ermächtigen?
Wenn Sie den Fokus Ihrer »Macht« immer auf Ihre göttliche Führung richten, kann sie immer zum Wohle aller Lebewesen eingesetzt werden.

Beispiel aus meiner Coaching-Praxis

Vor etwa 20 Jahren lud mich ein großes, internationales Unternehmen ein, über ein Jahr lang mit Mitarbeitern aus allen Abteilungen zu arbeiten. Es ging vorwiegend um mehr Schöpferkraft und Teamgeist in der Firma. Obwohl das Betätigungsfeld Reisen ein schönes war, herrschten wenig Freude und Teamgeist bei der Arbeit. Die meisten Mitarbeiter ruhten sich auf ihrem Angestelltendasein aus und wirkten erschöpft. Mir fiel weiter auf, dass fast alle in schwarz gekleidet waren, dass somit auch die bunte Schöpferkraft wenig zu »sehen« war.

Zu jedem Seminar brachte ich ein Profifühl-Team mit. Das waren Schüler von mir, die schon längere Zeit im systemischen Aufstellungsfeld Erfahrungen gesammelt hatten. Sie wussten nicht, worum es inhaltlich ging. Somit waren sie frei im Fühlen und ganz natürlich und offen bei jeder einzelnen Aufstellung. Jeder Mitarbeiter konnte selbst entscheiden, ob er alleine seine Aufstellung machen wollte oder andere Kollegen dabei sein sollten. Viele hatten den Mut, im Kreise ihrer Kollegen zusammenzuarbeiten. Es war eine sehr spannende, sehr berührende Zeit. Schritt für Schritt machte jeder eine persönliche Aufstellung seiner Ursprungsfamilie. Manche Teilnehmer wollten dies auch in einer Geheimaufstellung, in der nur der Mitarbeiter und ich wussten, wer und was da alles in den Fokus rückte. Ich kann mich noch gut erinnern, wie einige der Mitarbeiter sehr schwere Schicksale aus ihren Familien anschauen konnten, um dann ihre Sehnsucht nach ihnen, zum Teil auch ihre unbewusste Todessehnsucht zu erlösen.

Wir brachten viele Menschen aus ihren Familien wieder in den Blick und in ihr Herz, und damit löste sich viel Energie, die in der Vergangenheit festgehalten worden war. Die Aufmerksamkeit vieler Mitarbeiter steckte mehr in der Vergangenheit als in der Gegenwart. Natürlich war ihnen das selbst in dieser Form nicht bewusst. Sie waren alle sehr berührt, wie mein Team das »herausfühlte«. Sie fühlten sich dadurch tief verstanden und gesehen. Nach und nach kam ihre Energie, Kraft und Aufmerksamkeit wieder mehr in die Gegenwart. Auch das gegenseitige Mitgefühl und Verstehen der Kollegen öffnete viele Herzen; eine neue Kommunikation untereinander und ein neuer Teamgeist entwickelten sich zusehends und ganz natürlich.

Ganz besonders beeindruckend, auch für mich, war das letzte Seminar, in dem alle nach einem Jahr Zusammenarbeit wieder zusammenkamen – von der Geschäftsleitung bis zur kleinsten Abteilung: ein Lob noch mal an dieser Stelle an die

Geschäftsleitung – innere Heilarbeit statt Betriebsausflug zu schenken – so kraftvoll! Die neue Offenheit, tiefe Bereitschaft und der gewachsene Respekt untereinander waren auffällig. Ein neues Miteinander war geboren! Schritt für Schritt hatten alle Mitarbeiter in ihre Selbstermächtigung zurückgefunden, sodass auch das Team davon profitieren und daran wachsen konnte. Damit konnten klärende Gespräche geführt werden, neue Kräfte wurden aktiviert, und ein respektvolles und auch buntes Miteinander entstand. Die vielen Verstorbenen, die in die persönlichen Schicksale verstrickt gewesen waren, wurden mit Liebe umarmt und in ihre Herzen integriert. Die festgehaltene Energie und Kraft wurde wieder frei und stand wieder in der Gegenwart für ihre Teamarbeit zur Verfügung.

Auch das bewusste Hinschauen auf die Schicksale der Kollegen erzeugte ein großes Feld von Verständnis und Einfühlungsvermögen. Ich bin heute noch sehr dankbar für diesen besonderen Auftrag, der meine Annahme bestärkte, dass es wichtig ist für uns Menschen, unser eigenes Schicksal anzuschauen und die Ausgeschlossenen, Vertriebenen, die nie Geborenen und früh Verstorbenen in unser Herz zu bringen und damit an unseren eigenen Platz zurückzufinden.

8. DIE KRAFT DER VERÄNDERUNG

Nur dadurch, dass die Dinge ständig im Fluss sind, können sie immer wieder neu entstehen, zum Beispiel das Wachstum von Pflanzen und Tieren; auch in unserer eigenen Entwicklung können wir ständige Veränderung und Wandel wahrnehmen. Wenn wir leichter mit den Veränderungen umgehen, wenn wir akzeptieren lernen, dass Veränderung uns stetig begleitet, werden wir uns sicher fühlen. Eine Sicherheit, die darauf beruht, dass wir uns immer in einem Wandel befinden. Wenn Sie diesen Wandel mehr üben möchten, können Sie sehr gut die beiliegende Meditation täglich anwenden. Dabei geht es darum zu spüren, was gerade in Ihrem Körper geschieht, was für Gedanken kommen und gehen. Geben Sie sich einfach Zeit für einen Augenblick der Reflexion und des Gewahrseins:

Was war gestern in Ihrem Leben und was ist heute schon gegangen?

Es können Menschen, Tiere, Arbeitsstellen, Lieblingsmöbel, Themen, Ängste, Geschenke, Gegenstände und vieles anderes mehr sein.

Tipp: Beim nächsten Kochen ganz bewusst jede Karotte, jede Gemüsesorte klein schneiden, dann bewusst das Essen genießen, jeden Bissen bewusst schmecken und fühlen, so nehmen Sie die Vergänglichkeit des Augenblickes besonders wahr.

Übung »Das Tun im Nicht-Tun«

Wie können wir das Nicht-Tun schaffen?
Gönnen Sie sich für einen Augenblick eine Entspannung, werden Sie still und ruhig, und erlauben Sie sich, in einer angenehmen Haltung zu verweilen und Ihren Atem zu beobachten: Da ist keine Anstrengung mehr, noch nicht mal die Anstrengung, sich nicht anzustrengen.
Atmen Sie weiter still und präsent! Nehmen Sie wahr, was sich zeigt, was kommt, was geht. Vielleicht sind es Gedanken, vielleicht kommen Gefühle. Kümmern Sie sich nicht darum. Lassen Sie es so geschehen, wie es gerade sein möchte.
Sie können alles wahrnehmen, sich aber nicht weiter damit beschäftigen, sondern es einfach wie einen Zug bei der Durchfahrt vorbeifahren lassen.
Mischen Sie sich nicht ein in das, was geschieht oder was sich zeigt!

Bewertungen loslassen

Wenn Sie die Situationen in Ihrem Leben genau betrachten, können Sie erkennen, dass es immer wieder die Art und Weise ist, wie Sie diese Situationen bewerten – ob gut oder nicht gut –, die Ihren Alltag bestimmt. Nicht die Situation selbst. Wenn wir jetzt die Bewertungen für einen Moment loslassen, können wir uns auch aus dem Leid befreien, dass uns vielleicht so arg bedrängt. Wenn wir also im Inneren Turbulenzen erleben, ist es gut, sie anzunehmen, so wie sie sind und wie sie sich zeigen, ohne sie zu bewerten.

Der weise Sufi-Lehrer Elias Amidon schreibt zu dem Thema in seinem Buch »The Open Path. Der Weg ins offene Gewahrsein«, dass bestimmte Gedanken ihm keine Ruhe lassen:

»(…) achte nicht darauf. Bekämpfe sie nicht. Mache nichts damit, lasse sie sein, wie immer sie sind. Dein Kämpfen gibt ihnen Leben. Lasse sie einfach beiseite. Sieh durch sie durch. Du brauchst nicht mit dem Denken aufzuhören. Höre einfach auf, daran interessiert zu sein.

Das Desinteresse befreit dich. Halte nicht an ihnen fest, das ist alles. Die Welt besteht aus Ösen. Die Haken gehören dir allein.

Gib deine Abhängigkeiten auf. Sonst brauchst du nichts aufzugeben. Mache Schluss mit deinem Besitzergreifen-Wollen, deiner Angewohnheit, nach Ergebnissen Ausschau zu halten – und die Freiheit des Universums gehört dir.

Sei frei von Anstrengung.«[8]

Reflexion »Oh, ein interessantes Gefühl«

Beschäftigen Sie sich einmal bewusst mit einer Situation in Ihrem Leben, die Sie noch negativ bewerten.
Welcher Gedanke ist in Ihnen entstanden, bevor Sie diese Situation so wahrgenommen haben?
Woran erinnert Sie dieses Gefühl? Sind das Ihre Gedanken? Wer würde die Situation genauso bewerten? Wer hat schon einmal behauptet, dass diese Situation so zu bewerten ist?
Diese Fragen dienen Ihnen dazu, Ihre aktuelle Situation einmal aus neuer Sicht wahrzunehmen. Es geht nicht so sehr darum, eine Antwort zu finden. Die Idee ist vielmehr, alte, tief verwurzelte Glaubensmuster oder Annahmen über die eigene Identität in ihrer Fixierung zu lockern und zu lösen.
Damit bleiben wir neugierig, kreativ und flexibel. Wenn dann wieder einmal ein Gefühl auftaucht, das Sie als scheinbar unangenehm erleben, kommentieren Sie es einmal völlig wertfrei mit: »Oh, ein interessantes Gefühl!«

9. KRAFT-ÜBUNGEN

Bevor wir nun noch tiefer in den praktischen Teil des Buchs eintauchen, möchte ich an dieser Stelle herzlichen Dank und Glückwunsch sagen an Sie, liebe Leserinnen, liebe Leser!

Herzlichen Glückwunsch, dass Sie sich für dieses Buch entschieden haben. Ich nenne es Kraft-Buch, da Sie sich bewusst und selbstverantwortlich auf den Weg gemacht haben, aus Ihren Engpässen oder bisher haltlosen Situationen eine Chance für Entwicklung für sich selbst zu eröffnen.

Meine Erfahrung ist, dass wir mit viel mehr Schwung und Kraft in eine neue Situation reifen, wenn wir sie feiern. Deshalb starte ich diesen praktischen Teil mit meiner weiteren Wertschätzung für Sie:

Herzlichen Glückwunsch, dass Sie sich dazu entschlossen haben, Ihr Leben in die Hand zu nehmen, und Sie gewillt sind, etwas zu ändern.

Herzlichen Glückwunsch zum möglichen Start in ein besseres Leben. Vielleicht befinden Sie sich ja ohnehin schon auf Ihrem Königsweg: Sie haben einen Beruf gewählt, den Sie lieben, haben aber das Gefühl, Ihnen fehle noch die Kraft, den entscheidenden

Schritt zu gehen, um endlich auch die finanziellen Erfolge leben zu können. Auch dann herzlichen Glückwunsch, da Sie bereit sind für Veränderung und Horizonterweiterung.

Herzlichen Glückwunsch zu Ihrer Entscheidung, sich auf Ihre finanzielle Freiheit, Gesundheit, Erfüllung und Kreativität einzuschwingen.

Herzlichen Glückwunsch für Ihre stetige Reifung in mehr Mitgefühl und in die bedingungslose Liebe!

Herzlichen Glückwunsch – jetzt können Sie aktiv Ihr eigenes Kraftbuch schreiben und alle Ihre Fortschritte dokumentieren, wie Sie Ihren inneren Halt aufbauen und vertiefen.

Worauf also noch warten? Los geht's!

Kraft-Übung 1: Prozess der Manifestation

Wo lenke ich meine Kraft im Leben hin?

Gedanken: Sind Sie sich bewusst über wiederkehrende Gedanken und Glaubensmuster? Denken Sie zum Beispiel: »Ich schaffe das. Ich kann das gut. Ich vertraue in meine Stärken« – oder ist oft das Gegenteil der Fall?

Gefühle: Wie fühlen Sie sich überwiegend? Wie stark ist Ihr Energie-Level gerade, ausgehend von 100 Prozent?

Taten: Wie sind Ihre Handlungen? Welche häufigen Verhaltensweisen beobachten Sie an sich selbst? Wie beeinflussen Ihre Gedanken und Gefühle Ihre Handlungen?

Wenn Sie beispielsweise eine kreative Idee für Ihr Leben haben oder ein Projekt umsetzen möchten oder auch Ihren inneren Halt stärken wollen, lassen Sie diese wie durch einen Trichter durch alle Chakren Ihres Körpers laufen. Im Folgenden zeige ich Ihnen dies beispielhaft auf.

Sie werden in den jeweiligen Chakren spüren, ob die Idee Kraft hat und Resonanz in Ihnen findet oder nur ein Gedanke ist, der vorüberzieht. Sie werden spüren, wie es sich anfühlt, wenn Ihr neues Ziel ganz geerdet und in Ihnen manifestiert ist. Und nehmen wir an, Sie wünschen sich starkes Selbstvertrauen, um diese Idee verwirklichen zu können – dann sprechen Sie den Satz laut aus:

»Ich habe tiefes Selbstvertrauen.« Dann starten Sie …

Chakren-Meditation zur Manifestation

Verbinden 7. Chakra = Ich empfange die Idee, meine göttliche Inspiration vom höheren Selbst.

Ich öffne mich für ein neues tiefes Selbstvertrauen zur Verwirklichung der Idee.

Sehen 6. Chakra = Ich sehe die Idee.

Ich sehe mich innerlich voller Selbstvertrauen, die Idee umzusetzen.

Bejahen 5. Chakra = Ich bejahe die Idee.

Ich bejahe die Idee und kann sie kraftvoll aussprechen.

Lieben 4. Chakra = Ich liebe die Idee.

Dabei die Hand auf das Herz legen.

Ich liebe meine neue Idee und spüre die Herzensfreude dabei.

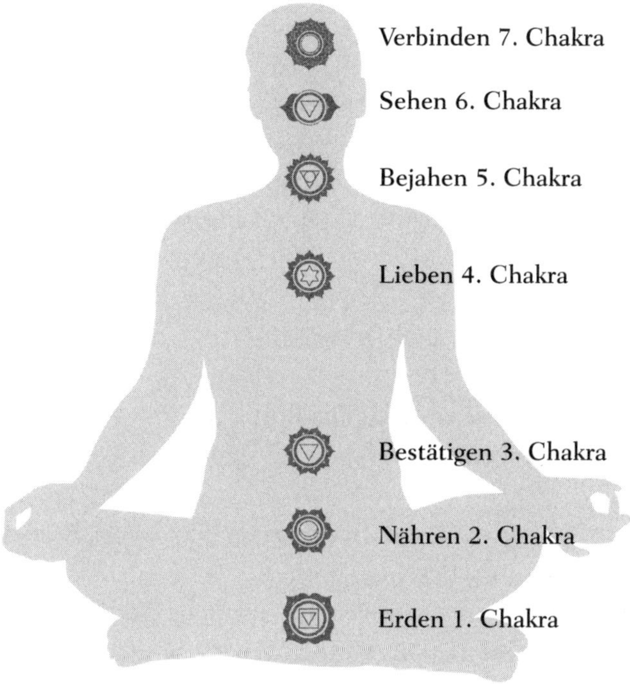

Bestätigen 3. Chakra = Ich bestätige die Idee, gebe Macht und Energie hinein und positive Kraft – zum Wohle aller. Ich achte und bestätige noch einmal diese Idee mit voller Dankbarkeit.

Nähren 2. Chakra = Ich baue Energie auf. Ich nähre die Idee und gebe ihr regelmäßig liebevolle Aufmerksamkeit. Ich nähre mein Vertrauen in mich und die Idee und wertschätze meine Handlungen und Vorbereitungen der Umsetzung.

Erden 1. Chakra = Die Idee ist geboren. Jetzt kann ich sie wahr werden lassen und voller Selbstvertrauen umsetzen.
Ich freue mich, die Idee jetzt umzusetzen, und öffne mich für alle Hilfe und Unterstützung, dir mir dabei zuteilwerden.

Kraft-Übung 2: Vergebungsritual

Diese Übung ist inspiriert von Genpo Roshi. Der Zen-Meister und spirituelle Lehrer nennt sie »Hopopono – Vergebungsritual und Mitgefühl«.

Sprechen Sie zu sich und Ihrem augenblicklichen Erleben, gleich welcher Art, in liebevoller Weise:

»Es tut mir leid – Bitte verzeih' mir – Ich liebe dich – Danke.«

Dann erinnern Sie sich an eine glückliche Situation. Stellen Sie sich dabei einen weiten inneren Raum vor. Machen Sie sich bewusst, dass Sie mehr sind als diese Person, dass Sie ein großes, allumfassendes Bewusstsein sind, grenzenlose Liebe und tiefes Mitgefühl.

Wenn Sie sich in diese inneren Qualitäten und Bewusstseinszustände gerade nicht einfühlen können, denken Sie vielleicht an die göttliche Mutter oder an eine universale Kraft, die Ihnen dieses Mitgefühl wieder zugänglich macht. Verbinden Sie Ihre Gedanken und Gefühle, Ihr Innerstes mit einer dieser wundervollen

Quellen. Möglicherweise kennen Sie Filme oder Bücher, in denen Sie von dieser großen Kraft gelesen oder gehört haben und die Ihnen, wenn Sie daran zurückdenken, helfen können, dieses Bewusstsein wieder in sich wach zu rufen.

Entscheidend an dieser Ressource ist, dass Sie fühlen, wie Ihr Mitgefühl wieder zu fließen beginnt. ***Schenken Sie nun das grenzenlose, universale Mitgefühl dem Menschen oder der Situation, welche Ihre liebevolle Aufmerksamkeit braucht, und sprechen Sie dabei noch einmal die heilenden Worte:***

»Es tut mir leid – Bitte verzeih' mir – Ich liebe dich – Danke.«

Beobachten Sie, wie sich dadurch Ihre Wahrnehmung und Ihr Erleben verändern.

Notieren Sie sich achtsam eine Woche lang jeden Abend Ihre ersten Erfahrungen mit diesen heilenden Sätzen:

Zu welchen Menschen konnten Sie heute diese heilenden Sätze innerlich sagen?

Mit wem konnten Sie sich bewusst »versöhnen«?

Wann und wo am Tag konnte Ihnen der heilende Satz dienen?

Wenn Sie am Tag etwas verärgert waren, wie half Ihnen dieses Vergebungsritual?

Mit welchem Menschen konnten Sie heute durch die heilenden Worte leichter in Kontakt sein?

1. Abend

....

....

2. Abend

....

....

3. Abend

....

....

4. Abend

....

....

5. Abend

....

....

6. Abend

....

....

7. Abend

....

....

Kraft-Übung 3: Gesund durch bewusstes, achtsames Spüren

Erinnern Sie sich daran, dass die zarten, verletzlichen Seiten Ihres Empfindens Ihr gutes Recht sind. Von Geburt an. Durch eigene Erfahrungen in Ihrem Leben haben Sie vielleicht Erlebnisse weggesteckt, Gefühle zurückgehalten oder gar für immer unterdrückt. Jetzt ist die Zeit gekommen, sich in Ihrer tiefsten, zärtlichsten Weise zu Ihnen selbst hin zu öffnen. Ihre empfindsamen Gefühle und Wahrnehmungen zu achten und sie als eine große Gabe Ihrer hohen Sensibilität anzuerkennen. In diesem tiefen Annehmen entsteht ein neuer innerer Halt. In diesem bewussten Fühlen entwickeln Sie Kraft, volles Vertrauen in sich und Ihre körperliche Weisheit.

Hierbei unterstützt Sie unsere Meditations-CD besonders.

Das bewusste Fühlen wird zum täglichen Geschenk.

Kraft-Übung 4: Rebirthing – Die Kraft des bewussten Atmens

Durch tägliche achtsame Atemübungen bauen Sie in sich selbst ein Kraftfeld der inneren Sicherheit auf. Das Prana – die Lebensenergie nach der hinduistischen Lehre – möchte fließen, wie ein Fluss zum Ozean. Indem Sie Ihrem Atem bewusst liebevolle Aufmerksamkeit schenken, sind Sie stark in Ihrer Mitte. Wenn Sie zum Beispiel in einem Meeting sitzen und sich nicht wohlfühlen, atmen Sie bewusst, ruhig und tief in Ihren Bauch hinein, während Sie Ihren Kollegen oder Geschäftspartnern zuhören. Damit halten Sie Ihre starke Mitte und bleiben bei sich.

Wenn Sie mehr Zeit und Raum finden, zum Beispiel an einem Wochenende, gehen Sie zu einem erfahrenen »Rebirther«, und atmen Sie unter professioneller Anleitung anderthalb Stunden bewusst. Es ist auch als inneres Kreisatmen bekannt. Dabei lösen sich viele alte Ängste und Geburtstraumen, ebenso wie andere im Körper festgehaltene Energien. In meinen Lifetrainer-Gruppen gehört so ein Körperwochenende zum Weiterbildungsprogramm, und alle Teilnehmer sind vollkommen fasziniert, wie transformierend solch eine bewusste Atmung im Leben wirken kann. Sie fühlen sich danach wie befreit und sind es auch. Ihre Energie, die vorher in unbewussten Ängsten gebunden war, steht in der Gegenwart neu zur Verfügung.

Kraft-Übung 5: Durch wessen Augen schaue ich?

Diese kleine, sehr effektive Übung hilft Ihnen dabei, bewusst wahrzunehmen, wessen übernommene Gefühle – Ihrer Ahnen – Sie vielleicht noch in sich tragen. Wie wir aus der langjährigen systemischen Arbeit wissen, haben Menschen eigene Gefühle und übernommene. Unbewusst tragen wir manches Mal das Schicksal unserer Ahnen noch mit uns.

Es gibt Augenblicke im Leben, da nehmen Sie diese Gefühle wahr, die Ihnen fremd erscheinen. Sie reagieren mit starker Traurigkeit oder einem Gefühl von Ohnmacht, wissen aber nicht genau, wo diese Gefühle herkommen. Tauchen solche Empfindungen öfter auf und finden Sie keinen wirklichen Bezug zu Ihrem Leben und Ihren Erfahrungen, handelt es wahrscheinlich um übernommene Gefühle.

Hier hilft die innere Einkehr oder auch eine systemische Aufstellung mit der Frage:

Durch welche Augen schaue ich gerade?
Dann atmen Sie ruhig in Ihren Bauch, fühlen Sie Ihre Mitte und erlauben Sie sich, die Antwort aus dem Inneren aufsteigen zu lassen. Wertfrei natürlich!

All diese Empfindungen haben Sie vielleicht aus einer »blinden Kinderliebe« heraus übernommen.

Beispiel aus meiner Coaching-Praxis

Eine Klientin hatte eine Urgroßmutter, die früh an Tuberkulose verstarb. Zu der Zeit ihrer Erkrankung durften ihr Mann und ihre Kinder sie aufgrund der starken Ansteckungsgefahr nicht mehr berühren. Die Liebe war also nur auf Abstand möglich. Diese tiefe Zellinformation: »Liebe aus Entfernung«, hatte die Klientin unbewusst übernommen, und so hat sich auch in ihrem Liebesleben das tiefe Lieben mit gleichzeitigem Abstandhalten verkoppelt. In dem Augenblick, als ihr bewusst wurde, durch wessen Augen sie in diesen Momenten ins Leben schaute, konnte sie sich innerlich vor dem Schicksal ihrer Urgroßmutter verneigen und die schmerzvollen Gefühle des Abstandhaltens von der Liebe entkoppeln. So wurde es ihr endlich möglich, die Liebe zu ihrem Partner auch in der Nähe neu zu leben.

Zu diesem Thema möchte ich Ihnen noch ein paar Hinweise aus der Hirnforschung von Bodo Deletz an die Hand geben, die auch so manches Gefühl aus Ihrem eigenen Leben erklären kann: »In der Liebe entstehen diese Kopplungen, weil man für ein bestimmtes Verhalten oder eine bestimmte Eigenschaft wiederholt eine gesteigerte Zuneigung oder auch Liebesentzug bekam. Es ist der gleiche Prozess, den man auch in der Hundeerziehung verwendet. Wenn der Hund tut, was Frauchen will, bekommt er zur Belohnung ein Leckerli oder Zuneigung.

Wenn Sie wissen möchten, wie Ihre Kopplungen mit der Liebe aussehen, brauchen Sie sich daher nur anzuschauen, wofür Sie als Kind oder später von Ihren Beziehungspartnern immer mit Zuneigung belohnt oder mit Liebesentzug bestraft wurden.

Das können beispielsweise Verhaltensweisen gewesen sein, bestimmte Charaktereigenschaften, Ihr Aussehen, Fähigkeiten, Ziele, Erfolge, Leistungen und vieles mehr. Wenn Sie für diese Dinge immer ein Mehr an Zuneigung erhalten haben, ist eine Kopplung mit der Liebe in Ihrem Emotionalgedächtnis zustande gekommen. Es gibt also nicht gerade wenige dieser Kopplungen, doch glücklicherweise lassen sie sich alle sehr schnell verändern, wenn man das direkt in der Sprache der Matrix tut. Auf dem üblichen Weg über Therapie oder Coaching ist das jedoch sehr schwierig und langwierig.

Die Kopplungen mit der Liebe kommen jedoch nicht nur aufgrund von Belohnungen zustande. Die meisten Eltern schenken ihren Kindern beispielsweise auch immer dann mehr Zuneigung, wenn sie sich wehgetan haben oder sonst irgendwie arm dran sind. Sie wollen ihre Kinder damit trösten, was ja auch funktioniert. Aber dadurch kommt bei vielen Menschen eine Kopplung von Liebe an Leid zustande, denn alles, was zeitgleich passiert, wird von unserem Emotionalgedächtnis miteinander gekoppelt. Ich möchte damit natürlich nicht sagen, dass Eltern ihren Kindern keine Liebe mehr entgegenbringen sollten, wenn es ihnen schlecht geht. Sie sollten das jedoch auch dann tun, wenn es den Kindern gut geht!

Die Kopplung von Liebe an Leid kann sehr vielfältige Auswirkungen haben. Insbesondere, wenn sie stark ausgeprägt ist. Sie beeinflusst natürlich auch die Partnerwahl. Man sucht sich beispielsweise einen Partner, bei dem man ein gewisses Maß an Leid in der Liebe spürt. Meistens handelt es sich dabei um Mitleid. Mitleid ist nämlich mitgefühltes Leid. Und gefühltes Leid genügt, um Liebe fühlen zu können, wenn die Liebe im Emotionalgedächtnis an Leid gekoppelt ist. Das ist sicherlich nicht die beste Voraussetzung, um die wahre Liebe zu finden. Wenn man aber Liebe ohne Leid nicht fühlen kann, ist es die einzige Möglichkeit.«[9]

Kraft-Übung 6: Meine Erfolgsbilanz

Wie sieht Ihre eigene innere Erfolgsbilanz in diesem Moment aus? Die Selbstreflexion über einen bestimmten Zeitraum ist sehr hilfreich, um auch die kleinsten neuen Schritte wahrzunehmen.

Reflektieren Sie Ihre ersten positiven Erlebnisse, in denen Sie sich selbst gut halten und stärken konnten. Besonders in Augenblicken, die neu für Sie sind.

In welchen Situationen meines Lebens beobachte ich Veränderungen?

Wie nehme ich meine tägliche Anbindung und die Vertiefung des inneren Halts wahr?

Wie erlebe ich durch das Hören und Praktizieren der Meditation eine neue innere Zufriedenheit?

In welchen herausfordernden Situationen kann ich jetzt schon besser bei mir bleiben?

Wie erlebe ich durch das bewusste Fühlen, wie sich die Verspannungen in meinem Körper bewusster entladen?

Wann fühle ich mich frischer und gestärkter?

Wie hat sich mein Urvertrauen in meine innere Führung vertieft?

Jeder kleine und große Erfolg sollte gefeiert werden. Wertschätzen Sie sich dafür. Dann geht es leichter und motiviert Sie, sich weiterzuentwickeln. Beobachten Sie sich und alle Veränderungen über einen Zeitraum von 21 Tagen (lesen Sie hierzu auch das Kapitel »Ihr Kraft-Tagebuch: 21 Tage auf dem Weg zum inneren Halt«).

Achten Sie auch auf die sogenannten kleinen, alltäglichen Fortschritte, dann werden Sie auch bei größeren Herausforderungen des Lebens stabil vorbereitet sein und sich Ihrer Ressourcen schneller bewusst werden. Motivieren Sie sich durch die folgenden Wertschätzungen. Hier einige Beispiele:

»Heute konnte ich gut bei mir bleiben, obwohl mein Kollege mich kritisiert hat.«

»Meine neue Gelassenheit trägt dazu bei, dass ich meiner Partnerin gut zuhören kann.«

»Ich hatte heute einen glücklichen Tag mit mir.«

»Ich konnte heute meine Trauer fühlen und sie bewusst annehmen und entladen.«

»Ich freue mich, dass ich mir heute ein wärmendes, leckeres Essen gekocht und damit gut für mich gesorgt habe.«

»Ich habe mir heute bewusst Unterstützung durch ein Coaching geholt und altes, traumatisches Erleben aufgearbeitet.«

»Ich bin heute im turbulenten Straßenverkehr ruhig und gelassen geblieben und konnte dabei gut atmen und meinen Körper spüren.«

Achten Sie auf all die kleinen und großen Situationen, die Sie heute gemeistert haben und dabei in Ihrer Mitte geblieben sind. Nehmen Sie sie wahr, und erleben Sie bewusst Ihre glücklichen Entwicklungen.

Kraft-Übung 7: Heilende Kraftsätze

Wir alle kennen die Wohltat liebender und kraftvoller Sätze, die uns innerlich stärken und Kraft spenden können, wenn sie ganz von Herzen kommen.

Bitte schenken Sie sich zur Stärkung Ihrer Mitte und Ihres Urvertrauens jeden Tag kraftvolle, heilende Sätze. Schreiben Sie sie in ein Tagebuch, auf eine Pinnwand oder auf Ihren Spiegel.
Hier einige Beispiele:

- Ich bin ein liebenswerter Mensch.
- Ich fühle mich getragen vom Strom meines Atems.
- Ich bin in meiner inneren Mitte zu Hause.
- In meinem Inneren finde ich alle Antworten auf Fragen meines Lebens.
- Mein größter innerer Halt liegt in der Anbindung an meine göttliche Essenz.
- Mein Urvertrauen reift von Tag zu Tag.
- Dankbarkeit ist meine größte Ressource.
- Mein liebendes Herz umarmt alles in mir und führt mich in die Kraft und Bewusstheit der Gegenwart.
- Schreiben Sie sich Ihre eigenen wichtigen, heilenden Sätze auf, die Ihnen das tiefe, sichere Gefühl von Geborgenheit und Heimat in sich selbst geben:

....

....

Kraft-Übung 8: Innere Sicherheit durch Traditionen und Rituale

Besinnen Sie sich auf die Qualitäten, Traditionen und Rituale aus Ihrer Familie, Kultur und Religion, die Ihnen innere Sicherheit geben, weil sie ein Teil Ihres familiären Erbes sind, etwa ein warmer Tee bei Bauchschmerzen, Tannenduft an Weihnachten, ein Spaziergang sonntags nach dem Essen.

Welches Ritual hat Ihnen schon in der Kindheit viel Halt geschenkt und tut Ihnen immer noch gut?

....

....

Was hat Ihnen schon früh stabile Wurzeln gegeben?
Wenn Ihnen dazu nichts einfällt, fragen Sie sich, was Ihnen gutgetan hätte.

....

....

Wie können Sie sich heute gut für Ihre eigenen Bedürfnisse einsetzen und liebevoll für sich selber sorgen?

....

....

Welche Tradition ist Ihnen vertraut und schenkt Ihnen Kraft und Geborgenheit?

....

....

....

Was dient Ihnen, in sich selbst zu ruhen?

....

....

....

Welche Ressourcen spüren Sie bereits, die der Entwicklung Ihrer neuen eigenen Stabilität zugutekommen?

....

....

....

Wie können Sie Ihre innere Sicherheit ausbauen?

....

....

....

Kraft-Übung 9: Mein Lebensskript oder eine herausfordernde Situation neu schreiben

Wenn Sie noch weiter lernen möchten, Ihre Ressourcen zu aktivieren, ist es eine sehr effektive und kreative Möglichkeit, eine Art Drehbuch für das eigene Leben neu zu schreiben. Viele meiner Schüler, die bei mir die berufsbegleitende Weiterbildung zum Lifetrainer & Coach mitmachen, nehmen diese Herausforderung gerne für ihre Abschlussprüfung an. Mit Erfolg. So hat eine Lifetrainer-Schülerin die schwierige Trennung ihrer Eltern »neu geschrieben«. In dieser kreativen, umgeschriebenen Lebensgeschichte kamen viele Helfer dazu. Ihre Eltern wurden in dieser »Fantasiegeschichte« mit viel Liebe und neuen Fähigkeiten ausgestattet. Dieses Neuschreiben einer alten Geschichte regt uns an, andere kreative Lösungen zu fühlen, Kraftquellen im Inneren zu aktivieren, und es öffnet den Raum für eine neue Sichtweise auf die alte Situation.

So wird aus manchem Drama-Film des Lebens eine Komödie oder oft auch ein ganz neuer Film über Liebe und Verbundenheit in unserem Leben. So manche Bücher und Bestseller auf dem Markt sind ebenso neu geschriebene Lebensdrehbücher, mit denen der Autor Altes überdenken und hinter sich lassen kann.

Beginnen Sie heute einmal mit einem ersten Schritt in diese neue Richtung. Prüfen Sie die Möglichkeiten, indem Sie eine schwierige Situation aus Ihrer eigenen Lebensgeschichte (kein Trauma!) neu schreiben – und zwar so, wie es für Sie optimal gewesen wäre! Geben Sie den Menschen die Kraft und den Halt, wie es für Sie gut und richtig ist. Schreiben Sie alles mit der Distanz und dem Blick und den Ressourcen von heute auf, und schauen Sie die Geschichte und alle Beteiligten – ganz besonders auch sich selbst – mit Liebe an:

Wie verhalten sich die Menschen jetzt in Ihrer Geschichte?

Wie erleben Sie sich dabei?

Welche neuen, kraftvollen Gefühle können Sie jetzt schon wahrnehmen?

Wer hat Sie in Ihrer neuen Geschichte unterstützt?

Wie haben Sie sich Halt und Liebe gegeben – in dieser Geschichte?

Sie müssen kein Schriftsteller sein, um eine neue Geschichte zu erfinden. Sie sind Ihr eigener bester Heiler! Sie wissen am besten, was Ihnen guttut und auch was Ihnen damals schon geholfen hätte, damit die Geschichte jetzt Kraft bekommt, mit der Sie in Ihrem Leben gut weitergehen können.

Viel Freude beim Schreiben Ihrer neuen Lebenserfahrung, die JETZT anfängt.

Beginnen Sie mit »kleinen« Alltagsgeschehnissen.

Nehmen Sie sich gerne weitere Blätter oder ein Notizbuch, um weitere unschöne Situationen »umzuschreiben«, in denen Ihnen der Halt fehlte. Geben Sie sich heute diese innere Balance im Nachhinein. Ihr Lebensskript bekommt so neue Farben, neue Ressourcen und ein gutes Gelingen.

10. NEUE INNERE STABILITÄT UND WURZELN

Wie sind Sie in Bezug auf innere Stabilität und Urvertrauen geprägt worden? Betrachten Sie doch einmal bewusst Ihre inneren Elternbilder:

- *Welche Stabilität erhielten Sie von Ihrer Mutter (zum Beispiel durch Zuspruch)?*
- *Wie vermittelte Ihr Vater Ihnen Halt und Geborgenheit (zum Beispiel durch seine starke Präsenz)?*
- *Welche gemeinsamen Situationen haben Sie vor Augen dabei?*
- *Wie spüren Sie ihre Liebe?*
- *Wo stehen Sie? Wie schauen Ihre Eltern Sie an?*

Welche Sicherheit haben Ihre inneren Elternbilder Ihnen bisher vermittelt? Können Sie diese auch heute, jetzt, spüren? Oder stellen Sie diese Sicherheit aus heutiger Sicht infrage? Haben die Bilder nicht mehr dieselbe Kraft wie früher, wie bisher? Erlauben Sie sich ein wenig Rückzug in sich selbst. Jetzt haben Sie die Möglichkeit, sich von überholten Werten Ihrer Erziehung zu distanzieren, was der Entwicklung einer neuen, eigenen Stabilität zugutekommen wird.

Entdecken Sie die grundlegenden Bedürfnisse Ihrer Persönlichkeit. Nehmen Sie Ihre Prägung einmal genauer unter die Lupe!

- *In welchen Situationen und mit welchen Menschen fühlten Sie sich als Kind geborgen?*
- *Wie wurde Ihnen Geborgenheit vermittelt?*
- *Welche Bedürfnisse durften Sie als Kind aussprechen und wurden auch gehört?*
- *Bei wem fühlten Sie sich wohl? Mit wem kuschelten Sie am liebsten?*
- *Gab es Familienmitglieder, von denen Sie sich besonders verstanden fühlten?*
- *Oder hatten Sie verständnisvolle Lehrer, die Ihr Weltbild besonders prägten?*

Jeder Mensch hat eine andere Geborgenheit erlebt: ein stabiles Zuhause mit Haus und Garten, die Liebe zu Haustieren, Freundschaft mit Nachbarskindern, liebevolles Zuhören der Großmutter oder zärtliche Kuschelstunden am Abend mit Vorlesezeit.

Ich kann mich zum Beispiel noch gut erinnern, wie wir sechs Kinder in das große Elternbett krochen und uns unser Vater am Abend die tollsten Geschichten erzählte. Der Kontakt mit allen Geschwistern und das gemeinsame Kuscheln und Berühren hat mir dabei viel heimelige Geborgenheit geschenkt.

Welche Art von Liebessprache sprachen Ihre Eltern mit Ihnen?
Welche Sprache der Liebe hätten Sie vielleicht eher gebraucht, um sich angenommen und sicherer zu fühlen?

Wenn die Liebessprache Ihrer Mutter zum Beispiel eine akustische war, indem sie Sie lobte, Sie tröstete oder Ihnen Zuspruch gab, und Ihre eigene Liebessprache eher körperlich war, also auf Zärtlichkeiten und Berührung besonders reagiert, hatten Sie vermutlich trotz aller guten Worte oft das Gefühl von Defizit und Verlust, Ihnen fehlte das spürbare Gehaltensein. Wie schön wäre es, wenn Sie jetzt Ihrer Mutter bewusst danken, für alles, was sie Ihnen nach ihren Möglichkeiten geben konnte. Erkennen Sie dabei an, dass jeder Mensch seine eigene individuelle Liebessprache lebt.

Sie sind jetzt erwachsen. Heute können Sie selbst für Ihren inneren Halt sorgen, sich selbst ein gutes Gefühl schenken und Ihre Wurzeln ausreichend »gießen« – in Ihrer individuellen Liebessprache. Gönnen Sie sich eine Massage von liebevollen Händen, lassen Sie sich von Ihrem Partner oder einem Freund halten, umarmen Sie große, starke Bäume im Wald und geben Sie so sorgsam und kontinuierlich Ihrer inneren Sicherheit Kraft und Nährboden. Finden Sie auch den Mut, bisher vielleicht geheim gehaltene Bedürfnisse mitzuteilen, und probieren Sie Neues aus, das Ihnen Geborgenheit und innere Stabilität schenkt. Zu den Liebessprachen empfehle ich die Lektüre des Buchs: »Die fünf Sprachen der Liebe« von Gary Chapman.

Beispiel aus meiner Coaching-Praxis:

Wenn wir jung sind und vielleicht in einer Familie aufgewachsen sind, in der wir uns nicht gesehen und geachtet fühlten, kann das später in erwachsenen Jahren zu viel Wut und Schmerz führen.

Meine Klientin Barbara N. fühlte sich von der eigenen Familie ausgeschlossen und kam mit diesem Thema vor einigen Jahren zu mir. Ihr innerer Halt und ihre Eigenliebe waren sehr gering, da sie unbewusst nach wie vor Zugehörigkeit und Anerkennung im Außen suchte. Diese ständige Bestätigung brauchte sie, um zu überleben. Zumindest war das ihre Wahrnehmung. Sie war Managerin in einer großen Firma, hatte sich dort erfolgreich hochgearbeitet und bekam viel Zuspruch. Jedoch hatte ihr Mann sie verlassen wegen einer anderen Frau, die »mehr Zeit für ihn« hatte. Barbara war durch einige Selbsterfahrungskurse schon bewusst, dass sie durch ihren Job ihr fehlendes Selbstwertgefühl kompensierte. Dennoch machte ihr die Trennung sehr zu schaffen, da ihre alten Gefühle aus der Kindheit und Jugend wieder hochkamen. Ihr Gefühl des Ausgeschlossenseins aus dieser Zeit wurde dadurch noch einmal kräftig angetriggert und neu entfacht. Der alte Schmerz war sehr präsent, ausgelöst durch das Weggehen des Partners.

Solche Gefühle kennen fast alle Menschen, wenn sie plötzlich verlassen werden. Ein Gefühl tiefsten Verlorenseins in dieser Welt, ein Gefühl von Hilflosigkeit und Verlust des inneren Halts. Der ganze Zellkörper mit all seinen alten, unerlösten Zellinformationen ist davon berührt.

Der erste Schritt der Heilung lag darin, Barbara einen Weg aufzuzeigen, wie sie heute – als erwachsene Frau – ihr inneres Kind selbst heilen kann, indem sie es innerlich liebevoll zu sich in die Arme nimmt und ihm alle Wertschätzung und Liebe ausspricht:

Ich liebe dich.
Ich höre dich.
Ich bin da – die große Barbara.
Ich halte dich.
Ich umarme dich und nehme dich so an, wie du bist.

Sie lernte, sich im Körper zunächst selbst zu halten und zu fühlen. Diesen Zustand kannte sie bisher vor allem aus dem Sport, wenn sie sich so richtig ausgepowert hatte und sich innerlich dadurch besser spüren konnte. Ganz langsam lernte sie dann auch, ihre Wut und ihren Schmerz zu umarmen, die sie beide immer gut weggeschoben hatte. Durch ihre stetige Aktivität hatte sie sich kaum noch gespürt. Sie funktionierte einfach gut. Das hatte sie sich über Jahre antrainiert. Durch ihre beruflichen Erfolge bekam sie regelmäßig neue Selbstbestätigung. Solange alles da draußen gut lief und sicher war – die Anerkennung durch den Mann und durch ihre Arbeit da war, hatte sie keinen Bedarf, sich um sich zu kümmern.

Die schmerzhafte Trennung half ihr schließlich, langsam Schritt für Schritt den wahren inneren Halt aufzubauen und alte Verletzungen zu heilen und zu vergeben. Ihre Selbstbestätigung, die noch abhängig war vom Außen, lernte sie nach und nach, sich selbst zu geben. Sie konnte auch ihre Zugehörigkeit zur Familie neu entdecken und »übernommene« Gefühle von einer Tante in die Liebe bringen.

Schauen wir Barbaras Leben einmal genauer an und betrachten ihre verschiedenen Lebensbereiche, so kannte sie zu Beginn der Krise folgende Energieverteilung (gesamt 100 %):

Beruf: 55 %
Sport und Bewegung: 20 %
Liebe und Partnerschaft: 10 %
Familie und Freunde: 5 %
Freizeit und Urlaub: 5 %
Weiterbildung und Selbsterfahrung: 5 %

An diesem Beispiel erkennen Sie, wie wenig ausbalanciert ihre Energie verteilt war. Ihre Aufmerksamkeit war nicht sehr ausgewogen. Später lernte sie, ihre Energie neu auszurichten, und wurde auch in ihrem Körper stabil. Nach einiger Zeit reflektierte sie mit mir in einem Coaching folgende neue Energieverteilung. Ihre Aufmerksamkeit erhielt folgende neue Schwerpunkte:

Beruf: 45 % (Arbeitsstunden reduziert)
Sport und Bewegung: 15 %
Liebe und Partnerschaft: 20 % – sie fand einen neuen Partner, mit dem sie viele Hobbys teilte
Familie und Freunde: 5 %
Freizeit und Urlaub: 10 %
Weiterbildung und Selbsterfahrung: 5 %

Reflexion »Energieverteilung«

Wie gehen Sie aktuell mit Ihren Energieressourcen um? Wie sieht Ihre Energieverteilung aus, ausgehend von 100 %?
Überlegen Sie nicht lange, schauen Sie einfach für sich hin – ohne Wertung.
Familie und Freunde:
Liebe und Partnerschaft:
Beruf:
Freizeit und Urlaub:
Sport und Bewegung:
Weiterbildung und Selbsterfahrung:

Was gefällt Ihnen gut an Ihrer Energieverteilung?
Was würden Sie gerne ändern und wo möchten Sie mehr Liebe, Balance und Aufmerksamkeit in Ihr Leben bringen?
Warten Sie nicht! Beginnen Sie jetzt und heute – dann beginnt die heilende Kraft Ihrer Selbstregulation.

11. DIE VERSCHIEDENEN FORMEN DES INNEREN HALTS

So wie wir in der Liebe verschiedene Sprachen sprechen, so haben wir auch verschiedene Ausdrucksformen, was unseren inneren Halt betrifft. Wir haben verschiedene Formen und verschiedene Wege, uns dem inneren Halt zuzuwenden. Es gibt einmal die Erfahrung, die jeder von uns kennt: dass wir den inneren Halt dadurch erleben, dass uns jemand liebevolle Aufmerksamkeit schenkt und uns vielleicht sogar tatsächlich in die Arme nimmt und Mut zuspricht. Andere spüren den inneren Halt am besten, wenn sie ganz zur Ruhe kommen, Rückzug und Raum für sich alleine haben oder sich in der Natur der Stille und dem Inneren zuwenden.

Für wieder einen anderen Menschen entsteht er durch ein liebevolles Essen, oft eine warme Speise, die den inneren Körper erwärmt. Ebenso kann auch ein warmes, heilendes Bad oder aber allgemein eine liebevolle Zuwendung eine ganz ähnliche, innerlich wärmende und stärkende Wirkung hervorrufen. Jeder Mensch hat einen anderen Zugang zu seiner inneren Mitte, und das Spannende ist doch, immer wieder herauszufinden:

- *Wie halte ich mich innerlich?*
- *Was sehe ich, wenn ich mich gehalten fühle?*
- *Was muss ich innerlich zu mir sagen? Wie hört sich das an, wenn ich mich geborgen fühle oder in Balance bin?*
- *Was muss ich riechen oder schmecken, um mich gut, sicher und gehalten zu fühlen?*
- *Welchen Geruch verbinde ich bewusst oder unbewusst mit diesem kraftvollen Zustand?*

Oft sind es kleine, besondere Momente, die wir als kraftspendend und schön erlebt haben und mit denen wir bestimmte Sinneswahrnehmungen verbinden: Erinnern Sie sich vielleicht noch, wie es in der Küche Ihrer Großmutter roch, wenn sie für Sie Ihr Lieblingsessen zubereitete, wie warm und frisch der Sommerwind Ihre Haut streifte, als Sie mit dem Fahrrad mit Freunden unterwegs waren, wie weich die Decke war, unter die Sie sich gekuschelt haben, wenn Ihnen jemand vorlas. All diese Dinge nehmen wir in der Regel unbewusst wahr, wir speichern sie in unserem Inneren ab und können sie jederzeit wieder abrufen. Sie geben uns ein Gefühl von zu Hause sein, bei uns selbst.

Meine Erfahrung ist, dass der innere Halt auch sehr viel mit dem Gefühl zu tun hat, wie ich mich geliebt und angenommen fühle. Das bedeutet auch: Je mehr ich mich selbst liebe, je mehr ich mir Wertschätzung geben kann und liebevolle Aufmerksamkeit und Zärtlichkeit schenke, desto mehr fülle ich meinen inneren Liebestank auf und fühle mich gehalten.

12. JETZT IST FRIEDEN! – DAS ERBE MEINES VATERS

Turbulente Zeiten erleben wir immer dann, wenn etwas in Unfrieden ist. Seien es äußerliche oder innere Unruhen. Dieses Buch möchte ich besonders auch meinem Vater widmen, der im Jahr 2016 seinen Körper verlassen hat und sehr viel für den Frieden in der Welt gearbeitet hat. Als ich eine Rede für seine Trauerfeier in der Kirche sprechen durfte, veränderte sich sehr viel innerlich in mir. Dieser besondere Augenblick hat mir gezeigt, dass die Dankbarkeit für all das, was ich durch ihn in meinem Leben erfahren durfte – an Liebe und Unterstützung –, größer war als die Trauer. Die große Dankbarkeit gab mir den inneren Halt in dem tiefen Abschied. Immer wenn ich an ihn denke, bedanke ich mich für etwas, was durch ihn in meinem Leben möglich wurde.

Seit über 30 Jahren arbeite ich für den inneren Frieden. Ich begleite Menschen auf ihrem Weg zu sich selbst. Ich begleite Paare in eine friedvolle, neue Kommunikation oder auch in einen neuen, bewussten Liebesraum. Manchmal auch durch eine »friedvolle« Trennung.

Während des berührenden Sterbeprozesses meines Vaters durfte ich die Essenz seiner Friedensarbeit erleben. Nach seinen tiefen inneren Heilungsschritten und aufwühlenden Erfahrungen und Turbulenzen sagte mein Vater plötzlich: »Jetzt ist Frieden.« Dieser besondere Augenblick hat mein Herz zutiefst berührt. Später, als ich dann die Rede für die Kirche vorbereitete, kam dieser Text zu mir aus der inneren Anbindung, den ich gerne mit Ihnen teilen möchte:

IM GEDENKEN AN MEINEN GELIEBTEN VATER

»JETZT IST FRIEDEN«

Lieber Vater, im April dieses Jahres, während deines langsamen ersten Verabschiedungsprozesses, kamen, nach zwei sehr schmerzhaften Wochen, bei denen ich zusammen mit vielen meiner Geschwister und deinen Enkeln persönlich bei dir sein konnte, plötzlich deine Worte tief aus deinem Herzen:

»JETZT IST FRIEDEN«

Diese Worte haben mich zutiefst bewegt.
Dein tiefes Durchatmen, dein Loslassen in diesem Augenblick,
Dein bewusstes Geschehenlassen und deine tiefe Gottverbundenheit waren im ganzen Raum spürbar.

Das tiefste Ankommen bei dir selbst.
Ich danke Dir, mein geliebter Vater, dass ich daran teilhaben durfte.
Der Frieden, für den du dich dein ganzes Leben eingesetzt hast.

Da war er nun.

Der Frieden, den du unter die Menschen gebracht hast durch bewusste Völkerverständigung.

Da war er nun.

Der Frieden, den du gefördert hast auf der ganzen Welt, auf all deinen Reisen und bei Gesprächen mit so vielen unterschiedlichen Menschen.

Da war er nun – ganz nah in DIR.

Der Frieden in DIR, der nun in diesem Moment alles umarmte, was du in deinem eigenen Leben erlebt hast, mit all seinen großen Herausforderungen, auch vielen schmerzvollen Abschieden und der ganzen Fülle, die du mit uns geteilt hast.

Da war er nun, dieser besondere Frieden.
Hier in deinem Herzen.

Ich durfte als deine Tochter – und sicher auch meine Geschwister und viele deiner Schüler auf der ganzen Welt – viel von Dir lernen:

- Tiefes Gottvertrauen
- Selbstlosen Dienst
- Verständigung und Kommunikation als Heilkraft
- Liebevollen Zusammenhalt und Respekt und Humor auch in schweren Lebensmomenten
- Menschen verschiedener Kulturen und Weltanschauungen zusammenzubringen, für ein neues Miteinander
- Heilung alter Kriegswunden, Mut immer wieder aufzustehen, weiterzugehen für den Frieden, auch wenn es in der Welt noch viel Heilung und Verständigung braucht. Mehr denn je.

Die Kraft der Liebe, von der du gerade in den letzten Monaten immer gesprochen hast, hat dich durch all diese großen Aufgaben geführt.
Mein geliebter Vater, zusammen mit deiner lieben Frau, unserer geliebten Mutter, hast du mich und uns alle, die wir hier heute Abschied nehmen von deinem Erdenleben, reichlich beschenkt.
In unseren Herzen fließt deine Liebe weiter, und möge sie uns alle stärken auf den weiteren Pfaden des Friedens im Innen und Außen.

JETZT IST FRIEDEN.
In Liebe Deine Tochter Christiana

Möge dieser Text – zwei Jahre nach dem Tod meines Vaters – Ihnen auch das Herz öffnen und den Mut schenken, sich den inneren Turbulenzen und Ihrem Weg bei großen Abschieden mit Liebe hinzugeben. Das, was wir im Sterbeprozess erleben, können wir vielleicht vorher bewusst und mit Achtsamkeit lernen. Alles, was uns in die Unruhe stürzt, bewusste oder unbewusste Anteile in uns, die noch im Kampf sind, spiegeln sich in unserem äußeren Erleben wieder.

Vieles, was uns im Außen sehr berührt, sei es angenehm oder unangenehm, spiegelt etwas aus unserer inneren Welt wieder. Berührt uns zum Beispiel ein Krieg, eine Naturkatastrophe oder etwas Anderes, was in der Welt geschieht, besonders stark, können wir sicher sein, dass diese Gefühle auch in unserem Inneren noch toben.

Wir gehen nicht mit allem in Resonanz, sondern vor allem mit dem, was uns persönlich in den Frieden bringen will. Es ist wahrlich nicht immer leicht, das so bewusst anzuschauen. Kämpfen wir noch mit einem Menschen im Außen, der in uns einen Trigger auslöst, können wir sicher sein, dass etwas in Frieden kommen möchte in unserem Inneren, was dieser Mensch zum Klingen bringt. Somit sind jegliche Menschen und Situationen, die uns aus der inneren Balance werfen können, unsere größten Lehrmeister! Auch wenn das nicht angenehm, geschweige denn bequem ist.

Ich lade Sie ein, widmen Sie sich besonders den Anteilen in Ihnen, die noch nicht im Frieden sind. Gleichzeitig können Sie durch die Gedanken, Erfahrungen und Übungen, die ich sehr gerne für Sie aufgeschrieben habe, optimal in Ihre Kraft kommen – eine Kraft, die sagt: ***Du musst nicht immer stark sein. Eine Kraft, bei der es um Hingabe geht, eine Kraft, die lehrt, auch im tiefsten Sterbeprozess noch tief zu vertrauen. In diesem großen Loslassen brauchen wir Halt. Eine liebende Hand an unserer Seite.*** Meine Erfahrung ist, dass in dem Moment, in dem wir zutiefst gehalten sind, sei es durch einen Menschen, durch eine tiefe Berührung, durch den Glauben im Gebet oder durch viele andere Möglichkeiten, die uns Halt schenken, Loslassen geschehen kann.

Wie können wir etwas loslassen, was wir nicht haben?

Jetzt ist Frieden. Dieser Frieden, von dem ich spreche, ist der innere Frieden, der dann immer tiefer geschieht, wenn wir einverstanden sind mit dem, was geschieht, wenn wir auch das umarmen in uns, was gerade so wehtut und schmerzt oder sich anfühlt wie ein inneres Sterben. Dieser Frieden, dieser Halt geschieht immer in diesem Augenblick, im Jetzt. Ich wünsche Ihnen tiefen, heilenden Frieden und Liebe, die Sie mit allem umarmt.

13. DAS GROSSE »LOSLASS«-THEMA UND DER INNERE HALT

Ein lieber Freund erzählte, dass seine Frau ihn nach 30 Jahren Ehe verlassen habe. Sie bat ihn eindringlich, dass er sie loslassen möge. Das war sehr schmerzvoll für meinen Freund, der dadurch nicht nur seine Frau, sondern auch das Zusammenleben mit seinen Kindern und alles, was sie gemeinsam aufgebaut hatten, verlor.

In vielen Bewusstseinsschulen mit Paaren wird das Wort »loslassen« sehr überbetont. Meine Erfahrung aus langjähriger professioneller Sicht ist, so paradox dies auch klingen mag, dass das Loslassen erst gelingen kann, wenn wir uns ganz gehalten fühlen. Sowohl in meinem eigenen Leben als auch in meinem Leben als Bewusstseins-Trainerin und spirituelle Lehrerin konnte ich immer wieder erfahren, dass das Loslassen von alten, schmerzhaften Erfahrungen oder von Menschen erst dann geschah, wenn ich mich ganz in mir geborgen und sicher gefühlt habe. In meinen Seminaren halte ich es deshalb erst einmal für sehr wichtig, dass alle Teilnehmer sich zuerst gut erden: Zu Beginn des Seminars lernen wir, ganz in den Körper zu kommen, die liebevolle Aufmerksamkeit ganz in den Körper zurückzuholen, ohne dabei in eine konkrete Geschichte zu gehen.

Dieses bewusste, liebevolle Spüren ist eine sehr heilende Bewegung. Bei manchen Klienten ist es sogar von Wichtigkeit, dass sie erst von anderen Menschen gehalten werden oder ihr eigenes inneres Kind halten lernen, zum Beispiel, indem sie ein Kissen fest in den Arm nehmen und dabei innerlich stabiler werden und somit überhaupt erst etwas loslassen können. ***Sobald die Kraft im eigenen Körper wieder vollständig oder zumindest teilweise zur Verfügung steht, kann das natürliche Loslassen alter, unerfüllter Beziehungen oder Situationen, die nicht mehr guttun, beginnen, ebenso wie Heilungsprozesse auf der Körperebene.***

Immer wieder durfte ich Zeugin solcher Loslass-Prozesse sein. Stehen wir wieder stabil in unserem inneren Körper, können wir uns selbst liebevoll umarmen. Wir lernen, mit dem zu sein, was gerade ist, und damit beginnt – wie von selbst – ein natürlicher Prozess des Loslassens von dem, was wir nicht mehr brauchen und was nicht mehr zu uns gehört. Wir können auf diese Art und Weise wahrnehmen, wie das Leben all das von uns nimmt, was uns nicht mehr auf dem Weg zu uns selbst dient. Umgekehrt auch, wie das Leben uns damit alles gibt, was wir brauchen, um tief in unserem Inneren anzukommen. Die Liebe ist die tiefste Basis. Aus ihr geschehen alle Bewegungen in diesem Leben. Auch die Bewegungen, die erst einmal schmerzhaft sein können, wie zum Beispiel diese Trennung, von der ich oben erzählt habe. In dieser Trennung von der »Mann-Frau-Ebene«, die sich nicht mehr stimmig anfühlt, da keine weitere gemeinsame Entwicklung möglich ist, steckt für beide die Möglichkeit, zu neuen Ufern in ihrem Leben aufzubrechen.

Ich selbst kenne solche Phasen sehr gut aus meiner langjährigen Ehe. Immer dann, wenn es darum ging, einen neuen Schritt in meinem Leben zu vollziehen, den ich ganz alleine zu bewältigen hatte, kam unsere Ehe ins Schwanken. Genauso war es auch bei meinem früheren Mann, wenn er neue, selbstständige Schritte oder Lebenserfahrungen zu lernen hatte. Kurze oder längere Trennungsphasen halfen uns beiden, neue Aspekte in uns zu entwickeln, die wir nicht entwickelt hätten, wenn wir in der Partnerschaft geblieben wären. Auch wenn es dabei sehr schmerzhafte, teilweise sogar fast existenzielle Gefühle gab, konnte ich immer wieder spüren, wie tief die Liebe und das Leben mich selbst stets getragen haben.

Wenn eine Beziehung sich immer weiterentwickelt, wächst auch die Kraft, den Weg gemeinsam zu gehen. Wenn Sie die Liebe an erste Stelle stellen in Ihrem Leben, werden Sie durch alles hindurchgeführt, auch durch die schmerzvollsten Herausforderungen. Sind zwei Menschen bereit, sich von der Liebe führen zu lassen und an sich zu arbeiten, also ihr altes Vergangenes aufzuarbeiten, auch das der Ahnen, bekommt das Leben wieder freien Energiefluss. In diesem Lebensfluss geschieht das große Loslassen von selbst. Das, was wir innerlich bewusst und unbewusst loslassen, kann in Frieden gehen. Versuchen wir, etwas künstlich hervorzurufen, führt dies eher zu Verkrampfungen und schmerzhaftem Festhalten.

Übergeben wir das Loslassen dem Leben selbst, also der inneren Bewegung und dem Tempo, das dazu passt, schafft dieser freigewordene Raum Platz für das Neue in unserem Leben. Es ist dabei wichtig, dass wir uns zunächst innerlich und äußerlich geborgen fühlen. Sie alle kennen dieses Gefühl: Wenn Sie gut gehalten sind oder sich selbst stabil in Ihrem Körper fühlen, dann können Sie sich leicht und fast unbeschwert neuen Aspekten in Ihrem Leben zuwenden. Dann können Sie beispielsweise voller Vertrauen einen unpassenden Job loslassen und sich eine Arbeit suchen, die Ihnen Freude und Kraft schenkt.

Übung »Halt für mein inneres Kind«

Machen Sie sich für einen Augenblick ein kleines Geschenk. Nehmen Sie sich dafür ein großes, kuscheliges Kissen, und stellen Sie sich vor, dieses Kissen ist Ihr inneres Kind, das gerne gehalten werden möchte. Beginnen Sie ganz liebevoll und zärtlich, dieses Kissen – sprich Ihr inneres Kind – zu streicheln, zu liebkosen, fest in die Arme zu nehmen. Fühlen Sie dabei die Liebe in Ihrem Körper, die Liebe, die Sie fließen lassen möchten. Denn oft sind die angehaltenen Bewegungen auch die Bewegungen, die tief aus der Liebe kommen.
Gerade nach Trennungen möchte die Liebe weiter fließen. Wir fühlen uns durch eine Trennung oft gestoppt und gebremst im Fluss der Liebe. Deshalb lassen Sie sie jetzt einfach einmal frei

fließen. Schenken Sie Ihrem inneren Kind all Ihre Liebe und Fürsorge.
Fühlen Sie dabei in Ihrem Körper, wie neue Energie erwacht. Nehmen Sie Ihren Atem wahr, fühlen Sie den inneren Leib in dieser Situation, und spüren Sie, wie sich Ihr inneres Kind, das immer noch »als Kissen« auf Ihrem Schoß sitzt, immer tiefer entspannt. Diese kleine Übung hat eine große Wirkung. Ich bin gespannt, welche Erfahrungen Sie dabei machen! Probieren Sie es gleich aus. Und fühlen Sie dabei, wie die Liebe Sie an die Hand nimmt. Haben Sie Geduld mit sich, und geben Sie sich einen Augenblick Zeit, lenken Sie Ihre Aufmerksamkeit ganz zu Ihrem inneren Kind.
Wie fühlt sich das Streicheln an? Was geschieht dabei in Ihrem Körper? Wo fühlen Sie noch angehaltene Bewegungen? Wo merken Sie schon ein erstes Loslassen alter festgehaltener Energie?
Erinnern Sie sich jetzt daran, dass alles, was gerade geschieht, ob angehaltene oder festgehaltene Gefühle vorhanden sind oder was auch immer Sie wahrnehmen, genau so seinen Platz hat im Leben, genau wie das, was sich jetzt nach vorne bewegen möchte.
In dieser liebenden Annahme, in dem, was Sie gerade erleben, geschieht das natürliche Loslassen.
Kommen Sie zurück in Ihren Lebensfluss!
Ich gratuliere Ihnen!

14. SPIRITUELLE SCHULUNGEN UND TRAUMA-HEALING NACH PETER LEVINE

Je mehr wir uns unserem Lebensfluss anvertrauen können und die Lebensereignisse akzeptieren, desto besser können sich unsere Selbstregulationskräfte im Körper wiederherstellen. Das bedeutet, dass unser Körper über die Energie verfügen kann, die er braucht, um sich den Erlebnissen und Herausforderungen des Lebens zu stellen. Wichtig ist es vor allem, dass er nach der Bewältigung einer herausfordernden Situation die nicht benötigte Energie entladen kann und wieder entspannt.

Wir pendeln in unserem Lebensflow immer zwischen Alarmbereitschaft und Wachheit einerseits und der Fähigkeit zu entspannen andererseits. Erst wenn unser Nervensystem in natürlicher Balance ist, sind wir in der Lage, ganz im Hier und Jetzt zu sein. Wir fühlen unseren inneren Körper wieder und sind präsent in der Gegenwart.

Hier ist auch der Schnittpunkt von Somatic Experiencing und spiritueller Arbeit. Sobald wir die Traumata oder überschüssigen Energien entladen konnten, können wir mit dem Meditieren beginnen. Die alten festgehaltenen Energien halten uns in der

Vergangenheit gefangen. Und je mehr wir unsere liebevolle Aufmerksamkeit in der Gegenwart fühlen, desto mehr sind wir in der Meditation. Der natürliche Lebensfluss kann sich entfalten, und wir fühlen uns vom Leben selbst getragen und gehalten. Peter Levine sprach einmal davon in seinem Kurs: »Sind alle Traumata erlöst, kann letztendlich Erwachen geschehen.«

Unser Körper ist unser Heiler! Durch das bewusste Spüren und den Ressourcenaufbau kommen wir in den inneren Halt, und die Kraft kehrt zurück. Je mehr Sie sich Ihrem inneren Körper zuwenden und lernen, die angehaltenen Bewegungen zu entladen und Altes abzuschließen, zu vervollständigen, umso mehr steht neue Energie wieder zur Verfügung. Die spirituellen Schulungen beginnen, sobald wir unsere Lebensenergie wieder zur Verfügung haben im Hier und Jetzt. Nun ist es uns möglich, durch das achtsame Fühlen unsere innere Anbindung an das höhere Selbst zu entwickeln. Das höhere Selbst ist der göttliche Teil unserer Seele, der noch in der geistigen Welt verankert ist. Es ist die Verbindung zwischen dem inkarnierten Aspekt und dem Teil der Seele, die das Geschehen beobachtet und berät. Sie können sich das höhere Selbst wie eine helle Lichtkugel oberhalb Ihres siebten Chakras (Kopfscheitel) vorstellen. Um sich bewusst zu verbinden, sagen Sie laut:

»Ich verbinde mich bewusst mit meinem höheren Selbst zu 100 Prozent in allen Körpern, Ebenen und Dimensionen.«

Dabei fühlen Sie in dieser göttlichen Verbundenheit den tiefsten inneren Halt, die grundlose Freude und Ihren Herzensruf. Je mehr Sie sich dieser Anbindung anvertrauen, umso mehr können Sie aus der inneren Weisheit heraus Ihre Lebensaufgabe verwirklichen. Sie kennen diese Verbundenheit sicher aus vielen kleinen und großen alltäglichen Erfahrungen, wenn Sie göttliche Fügungen und Synchronizitäten erleben.

»Als Synchronizität werden mindestens zwei Ereignisse bezeichnet, die synchron in der menschlichen Psyche und der Außenwelt auftreten, ohne dass sie direkt miteinander zusammenhängen oder eine gemeinsame Ursache haben, aber einen gemeinsamen Sinn oder eine ähnliche Bedeutung ergeben. Manchmal erkennt die betroffene Person sofort intuitiv den Sinn der Synchronizität, und manchmal muss die Bedeutung erst gedeutet werden. Eine Synchronizität kann erstaunen, erschrecken oder zum Lachen bringen, ein wichtiges Kriterium ist der emotionale Eindruck, der dabei entsteht.

Eine Synchronizität ist zum Beispiel, wenn man an einen Menschen denkt (inneres Ereignis) und er in demselben Moment anruft (äußeres Ereignis) oder man ihn kurze Zeit darauf trifft. Oder wenn man sich beispielsweise fragt, ob man seine Beziehung beenden soll (inneres Ereignis), und in demselben Moment zerbricht ein Teller (äußeres Ereignis); oder man wünscht sich einen Hund, und plötzlich läuft einem ein Hund ohne Besitzer zu, oder man befasst sich gerade mit einer Herausforderung, und plötzlich spricht jemand über die Lösung.«[10]

Ich genieße ganz bewusst die göttliche Schönheit in der Natur, in der klassischen Musik und in der Stille des Seins. Die Natur spiegelt mir die Schönheit Gottes und die große Kraft des Lebens und der Hingabe an den stetigen Wandel.

Wenn die Turbulenzen im Außen größer sind, ist es umso wertvoller und kostbarer, sich auf sein Inneres einzulassen. Von unserer inneren Führung bekommen wir dann klare Orientierung. Diese inneren Botschaften erleben Sie dann in unterschiedlichen Sinneskanälen. Vielleicht spüren Sie eine große Herzensöffnung oder eine Art innere Stimme, vielleicht taucht auch ein eindeutiges klares Bild auf. Dies zeigt sich bei jedem Menschen anders.

Spirituelle Schulung ist eine Art alltägliches Gebet. Das Lauschen auf die Botschaften Ihres Herzens! Sie können auch, wenn es für Sie stimmig ist, die göttliche, geistige Welt um Unterstützung bitten. Manche Menschen nehmen diese wundervollen Helfer auch als Engel wahr. Erlauben Sie sich, Ihr Herz und Ihre Sinne zu öffnen für all die Unterstützung, die Sie bekommen können.

Gott sei Dank kommen immer mehr Menschen auf den bewussten Weg zu sich selbst. Der Weg nach innen wird mittlerweile in vielen Yoga-Studios, spirituellen Zentren und sogar in der Volkshochschule gelehrt. Erforschen Sie für sich, welcher dieser spirituellen Wege für Sie der angemessene ist. Entscheidend ist es, Ihren persönlichen erfüllenden Weg zu finden. Sie fühlen sich vielleicht geborgen, wenn Sie in der Natur spazieren gehen und dem Gesang der Vögel lauschen. Oder Sie sitzen still auf einer Waldlichtung oder auf einem Berg oder an einem kleinen Fluss und fühlen dort die Gottverbundenheit am stärksten. Für andere Menschen ist der Zugang nach innen über Yoga und Tanz oder über das gemeinsame Singen in einer Gruppe sehr unterstützend. Alles dient der Hinwendung zur eigenen Mitte.

Meditation und spirituelle Schulung kann hier eine hilfreiche Orientierung bei wichtigen Lebensfragen sein. Sicher kennen Sie das auch aus Ihrem Leben: Sobald Sie belastende Lebensereignisse erfahren, beginnen Sie sich mehr auf Sinnfragen des Lebens zu konzentrieren.

Ein lieber Freund, der innerhalb von einem Jahr drei Ereignisse erlebte, bei denen er fast gestorben wäre, hat auf diese Weise aus seiner Seele klare Hinweise bekommen, sich seinem göttlichen Selbst wieder mehr zuzuwenden. Anstatt an dieser herausfordernden Lebenssituation zu verzweifeln, nutzte er diese Situation als Chance, daran zu wachsen. So lernte er durch sehr schmerzhafte Erfahrungen, seinem neuen Herzensweg zu vertrauen. Oft schreit die Seele nach Neuorientierung, das kann ein Berufswechsel sein, eine neue Partnerschaft, eine Ernährungsumstellung oder andere Veränderungen im Lebensstil.

Übung »Kraft des Gebets«

Ich möchte Sie einladen, alle Ihre persönlichen, intimen Gebete aufzuschreiben.
Haben Sie den Mut, sich an Ihr Gottvertrauen zu erinnern.
Erlauben Sie sich, wie ein Kind ganz natürlich Ihre Worte zu wählen und Ihr eigenes individuelles Gebet zu formulieren,

in dem Sie Schutz und Geborgenheit fühlen. Denken Sie daran: Alles, was Sie ressourcenvoll beschreiben, hat Kraft!
Das Wort »nein« kennt Ihr Unbewusstes nicht. Deshalb notieren Sie positive, ressourcenvolle Sätze. Lassen Sie alle Vergleiche und Verneinungen weg. Und beschreiben Sie Ihre ganz eigene, innere Bitte an Gott – an das große Universum, an das Leben. Es wird Ihnen mit Liebe antworten.

- Wie fühlen Sie sich, wenn Sie sich jetzt bewusst erlauben, die Geborgenheit und Wärme und Unterstützung des großen Ganzen zu spüren?
- Wie ist der Kontakt zu Ihrem Körper, wenn Sie sich bewusst vergegenwärtigen, dass alles miteinander verbunden ist?
- Denken Sie vielleicht an Ihren Schutzengel. Wie tief können Sie beginnen zu entspannen, wenn Sie erfahren, dass das große Leben Sie lebt, ohne dass Sie etwas dafür tun müssten?
- Welche Ressourcen können Sie aufbauen, um Ihr Liebesbewusstsein grenzenlos zu öffnen?
- In welchen Momenten fühlen Sie sich mit der inneren Quelle des Seins, mit Ihrem göttlichen Ursprung, verbunden?
- Was hilft Ihnen noch dabei, Vergangenes zu verabschieden und Ihr Gottvertrauen und Ihre innere Führung zu stärken für die Gegenwart?

Durch die vielen spirituellen Schulungen und die langjährigen Erfahrungen aus der Trauma-Arbeit nach Peter Levine habe ich für mich erkannt, dass es immer um den Selbstkontakt geht. Sind wir bewusst mit unserem inneren Körper und unserem Atem verbunden, kommen wir in die heilende Gegenwart.

Auch unterschiedliche spirituelle Schulen verbinden sich in der Praxis mit dem Atem. Üben wir zum Beispiel die Geh-Meditation, eine altbewährte ZEN-Meditation, achten wir darauf, dass Wort und Handlung im Einklang sind: Wir heben dabei den Fuß, gehen, senken den Fuß und achten sehr behutsam auf jede Empfindung, langsam und sehr bewusst. In einer Geh-Meditation richten wir unsere ganze Aufmerksamkeit auf das Gewicht des Beines, welches auftritt, und dann fühlen wir das ganze Gewicht bis zur Hüfte und wieder zurück und nehmen wahr, wie alle Gedanken verschwinden. Übrig bleibt die Konzentration auf Körper und Geist. Auch hier bringen wir bewusst alle liebevolle Aufmerksamkeit in den Körper, zur Atmung und dadurch in den gegenwärtigen Augenblick. Das bewusste Atmen verankert uns im Jetzt.

Übung »Liebesbewusstsein stärken«

Erlauben Sie sich jetzt eine weitere Erfahrung, indem Sie einmal ganz natürlich das Gewicht Ihres Körpers auf der Unterlage spüren. Vertrauen Sie sich Ihrem Körper an.

Bei diesem inneren Kontakt, den Sie jetzt mehr und mehr wahrnehmen, kommt Ihr Urvertrauen vielleicht mehr in Ihr Bewusstsein. Fühlen Sie sich gehalten und getragen von diesem inneren Kontakt, von der Mutter Erde – vom ganzen Leben. Spüren Sie, wie Sie von der einen göttlichen Kraft, die unser Leben erfüllt, gehalten sind? Je mehr Sie sich jetzt erlauben, immer tiefer bis zu Ihren Fußsohlen zu spüren, umso mehr können Sie wahrnehmen, dass die Kraft der Erdung wie ein Strom durch Ihre Beine fließt.
Erlauben Sie sich diesen Kontakt, diese Verbindung mit der Kraft der Erde, halten Sie diesen Kontakt und nehmen Sie wahr, welche heilenden Bewegungen dadurch geschehen können. Durch diese bewusste Verankerung nach unten bis in die Mitte der Erde können Sie sich leichter auch nach oben hin öffnen, zu der Weite des Himmels, zu Ihrem höheren Selbst und Ihrer göttlichen Führung. Vielleicht können Sie jetzt schon klares, helles Licht wahrnehmen, das in Sie hineinströmt. Falls Sie Ihr höheres Selbst noch nicht bewusst wahrgenommen haben, stellen Sie es sich vor wie eine helle Lichtkugel über Ihrem Kopf. Aus dieser Lichtkugel strahlt warmes, segenreiches Licht in Sie hinein, durch den ganzen Leib, bis tief in die Erde. Fühlen Sie die lebendige Erfüllung, diesen pulsierenden, wärmenden Strom, vielleicht ein Kribbeln im Körper.

Während Sie das genießen, erlauben Sie sich, in den grenzenlosen göttlichen Raum zu fühlen. Erleben Sie ein Getragensein in diesem heiligen Raum. Vielleicht erleben Sie es jetzt wie eine immer größere Ausdehnung, in die Sie sich immer mehr hineinfallen lassen können und dabei sicher fühlen.
In dieser Geborgenheit der Weite und Ausdehnung und Ihrer bewussten Anbindung an das höhere Selbst erscheinen die Alltagsthemen sehr klein. Dieser große weite Raum ist der Raum der Liebe, in dem wir uns stets entspannen können. Vertrauen Sie sich diesem Augenblick ganz und gar an.
Vielleicht erleben Sie ein freudiges, genussvolles, kraftvolles und liebevolles Einverstandensein mit dem, was gerade ist. Schön, wenn Sie jetzt spüren, wie Ihre neue kraftvolle Bereitschaft, sich selbst zu begegnen, wächst. Fühlen Sie die immer tiefere Hingabe, sich für all das, was ist, zu umarmen, mit Ihrer ganzen Liebe. Spüren Sie die vollständige Annahme all Ihrer unzähligen Lebenserfahrungen, die Sie bis heute schon gemacht haben. Viele dieser Erfahrungen waren vielleicht schmerzhaft und unangenehm oder vielleicht sogar beängstigend. Andere sind angenehm und erfüllend gewesen, sicher auch einige ganz wundervoll.

Der französische Philosoph und Yogi Jackson Kiddard beschreibt das sehr schön:

»Alles, was dich ärgert, ist da,
um dich Geduld zu lehren.

Alles, was dich verlässt, ist da,
um dich zu lehren, auf deinen
eigenen Füßen zu stehen.

Alles, was dich erzürnt, ist da,
um dich Vergebung und Mitgefühl
zu lehren.

Alles, was Macht über dich hat, ist da,
um dich zu lehren, wie du deine Macht zurückholst.

Alles, was du hasst, ist da,
um dich bedingungslose Liebe zu lehren.

Alles, was dir Angst macht, ist da,
um dich Mut zu lehren, diese Angst zu bewältigen.

Alles, was du nicht kontrollieren kannst,
ist da, um dich zu lehren, loszulassen
und dem Universum zu vertrauen.«[11]

15. GEBETE UND HEILENDE SÄTZE ZUR STABILISIERUNG

Aus »Seelenverträge« von Leila Eleisa Ayach
»Ich erkläre mich bereit, dem Weckruf meiner Seele zu folgen. Ich gehe in die Absicht, meine Göttlichkeit anzunehmen und zu erwachen. Ich gehe in die Absicht, mich für die vollkommene Heilung zu öffnen.«[12]

Christiana Mandakini Jacobsen – von mir
»Ich vertraue mich dem göttlichen Lebensstrom an und weiß, dass alle Ressourcen, alle Antworten auf wichtige Fragen in meinem Leben, in meinem Inneren zu finden sind. In meiner Absicht und in meinem Wunsch, ganz stabil und geborgen in mir selbst zu sein, ist der Weg der Erfüllung schon angelegt.«

Yogananda
»Friede fließt durch mein Herz und durchfährt mich wie eine sanfte Brise.
Friede füllt mich wie ein Wohlgeruch.
Friede strömt durch mich wie Strahlen.

Friede, wie ein Weltmeer, rollt in alle Räume.
Friede ist der Atem von Steinen, Sternen und Weisen.«[13]

Hindu-Gebet für den Frieden

»Oh Gott, führe uns von der Unwirklichkeit zur Wirklichkeit.
Oh Gott, führe uns von der Finsternis ins Licht.
Oh Gott, führe uns vom Tode zur Unsterblichkeit.
Shanti, Shanti, Shanti. Über alles.
Oh Herr, allmächtiger Gott, möge Frieden in den himmlischen Gefilden herrschen. Möge Frieden auf Erden herrschen. Mögen die Wasser besänftigend sein. Mögen die Kräuter gesund sein und die Bäume und Pflanzen allen Frieden bringen. Mögen uns alle wohltätigen Wesen Frieden bringen. Möge das vedische Gesetz Frieden auf der ganzen Erde verbreiten. Mögen alle Dinge uns eine Quelle des Friedens sein. Möge dein eigener Frieden allen Frieden verleihen. Und möge dieser Friede auch zu mir kommen.«[14]

Gebet nordamerikanischer Ureinwohner für den Frieden

»Oh großer Geist unserer Ahnen. Ich erhebe meine Friedenspfeife zu dir. Zu deinen Boten, den vier Winden und zu Mutter Erde, die unsere Kinder versorgt. Gib uns die Weisheit, unsere Kinder lieben zu lehren, zu achten und freundlich zueinander zu sein, damit sie in Geistes Frieden aufwachsen. Lass uns lernen, alle guten Dinge zu teilen, mit denen du uns auf dieser Erde versorgst.«[15]

Wenn Sie eines dieser Gebete anspricht im Herzen, gönnen Sie sich zwei- bis dreimal am Tag eine kleine Andacht damit. Ein Innehalten. Zünden Sie vielleicht eine Kerze an. Übergeben Sie innerlich all das, was Sie zu viel tragen, an die göttlichen Helfer. Natürlich können Sie auch ganz eigene individuelle Gebete finden. Jegliche liebe- und ressourcenvollen Gedanken, die Sie bewusst durch Ihre innere Anbindung schreiben, sprechen oder denken, sind wie ein Gebet, ein Segen, der Kraft und Zuversicht schenkt.

Stärken Sie Ihre Gegenwart und alle Ihre Vorhaben und Mitmenschen durch Ihr Mitgefühl und Ihre Liebe. Nutzen Sie die schöpferische Kraft Ihrer bewussten, liebevollen Gedanken, und fühlen Sie die Geborgenheit, die von Tag zu Tag wächst, wenn Sie sich mit dem achtsamen Spüren, guten, heilenden Worten und Gebeten täglich füttern. Wie auch immer Ihr Zugang zur großen Quelle, zum Universum und zu Gott ist, schenken Sie sich bewusst Zeit zur Innenschau und Andacht in Ihrer persönlichen Glaubensausrichtung.

Fühlen Sie dabei die neu entstehende Kraft in Ihrem Körper. Wenn Sie die Gebete und heilenden Sätze laut sprechen, nehmen Sie den Inhalt als ein Gefühl wahr. Die Worte werden zum lebendigen Erleben in Ihnen. Diese können Ihnen über die Seelenebene inneren Halt und Frieden schenken.

Alle Übungen, Meditationen und Reinigungsprozesse unterstützen Sie dabei. Ist das Nervensystem balanciert, die Ernährung ausgewogen und die Eigenliebe gestärkt, können wir aus dieser natürlichen, gottverbundenen inneren Kraft unser Leben mit all seinen Herausforderungen viel leichter meistern.

Sicher haben Sie durch dieses Buch wahrnehmen können, wie wichtig es in der spirituellen Entwicklung ist, dass wir die Basis – unseren Tempel, den Körper – miteinbeziehen, um wirkliche Fortschritte zu erleben. Ist unser Körper befreit von Giftstoffen und Süchten und haben wir gelernt, uns unserem eigenen Tempo anzuvertrauen, kann unsere geistige Entwicklung auch leichter voranschreiten. Die Haltlosigkeit wandelt sich in tiefes Urvertrauen. Die Leere und Sinnlosigkeit wandeln sich in Eigenliebe, und Erfüllung geschieht.

Nach und nach kommen Sie bei sich an. Sie fühlen Ihren eigenen selbstbestimmten Weg! Sie spüren, wie Sie alle Geborgenheit und Bestätigung, die Sie im Außen gesucht haben, ob beim Partner oder bei Lehrern, nur in sich selbst finden können. ***Mit jedem Schritt des Einverstandenseins mit dem, was ist, kommen Sie dieser Geborgenheit näher.*** Diese innere Geborgenheit ist Ihr wahres Zuhause. Je größer Sie Ihre Liebeskraft ausdehnen, umso mehr können Sie Ihr Leben annehmen. Ihr weites Herz hat viel Platz.

Ein weiterer wichtiger Gedanke: Je mehr Menschen an sich arbeiten, sich annehmen und lieben, desto ruhiger kann unsere Erde im Ganzen schwingen und auch wieder gesunden.

Von Herzen danke ich Ihnen für Ihren Einsatz, Ihren Mut und Ihre Bereitschaft, sich für Ihre persönliche Heilung und Entwicklung zu öffnen. Denn Ihr großer Einsatz, Ihr Bewusstwerden und

Ihre persönliche neue Geborgenheit tragen dazu bei, dass auch Ihr Umfeld gleichzeitig dabei heilt.

Wir sehen das oft schon in den ersten Lebensmonaten und -jahren eines Kindes. Sind die Mutter und der Vater entspannt und fühlen sie Geborgenheit und Ruhe in sich, kann das Kind sich auch entspannen und gesund entwickeln.

Heilende Sätze, die Sie unterstützen

- Ich fühle eine neue Gelassenheit und ein kraftvolles Gottvertrauen in mir und meinem Körper.
- Ich bin ein tieffühlender Mensch, der alle Empfindungen, die auftauchen, mit Liebe umarmt.
- Ich fühle mich geborgen in meiner inneren Mitte.
- Ich genieße meine wachsende Fähigkeit, die Dinge so anzunehmen, wie sie sind.
- Mit Wachsamkeit, Achtsamkeit und in meinem Tempo löse ich Herausforderungen in meinem Seelenplan auf.
- Ich nehme mir die Zeit, die ich brauche.
- Ich fühle inneren Halt, Orientierung und Schutz in mir und atme bewusst in diesen Moment.
- Alle Antworten auf Fragen des Lebens liegen in mir selbst. Ich vertraue meiner stetig reifenden Intuition.
- Ich bin voller Zuversicht und innerer Sicherheit, und ich bin mit meiner göttlichen Führung verbunden.
- Ich bin vollständig geliebt in allen Körpern, Ebenen und Dimensionen.

- Alle Herausforderungen, Schicksalserfahrungen haben mir zu einer großen Entwicklung gedient. Ich erkenne an, dass ich durch diese Erlebnisse reifen wollte.
- Nun spüre ich mein göttliches Vertrauen, die Liebe, die alles umarmt, und setze meinen lichtvollen Weg freudig fort.
- Ich öffne mich für glückliche Entwicklungen.
- Ich lebe in Achtsamkeit, Bewusstheit und Dankbarkeit.

Wenn Sie zu den aufgeführten Gebeten und heilenden Worten keinen Zugang finden, erlauben Sie sich, Ihre ganz persönlichen Kraftgebete so zu formulieren, wie es Ihrem Herzenswunsch entspricht. Sie können Ihre Worte auch als Wunsch formulieren:

Ich wünsche allen Menschen und Wesen in allen Ebenen und Dimensionen glückliche und erfüllende Entwicklungen.

Oft spüren wir in bestimmten Lebenslagen zu einem Gebet eine innere Resonanz, es berührt uns zutiefst, und wir fühlen den Segen und die göttliche Anbindung augenblicklich. Durch diese Kraft öffnen sich in uns neue innere Räume, wir kommen in die Kraft der Vergebung und finden vielleicht Frieden mit einer bisher nicht abgeschlossenen Situation der Vergangenheit.

In meiner Arbeit fühle ich die Kraft des Gebets und der inneren Führung sehr stark. Wenn Menschen mich fragen, wie ich eine Woche Ferienseminar mit über 30 Teilnehmern alleine meistere und schaffe, gebe ich stets zur Antwort: Es geschieht durch die Kraft des Gebets, durch die innere Führung und die Gnade und Liebe Gottes. Ich diene dieser Kraft, und so geschieht vieles wie ein Wunder, jedes Mal aufs Neue, wenn sich neue gute Lösungen und heilende Bewegungen zeigen. Die Liebeskraft in einer Gruppe ist wie ein großes Feld des Vertrauens, der Herzensöffnung und der Hingabe an das, was sich zeigt. Ein wundervoller Prozess des Annehmens, was ist. Dadurch wächst die Selbstheilungskraft eines jeden Einzelnen. Deshalb ist es auch sinnvoll, sich dabei innerlich liebevoll mit vielen Herzensmenschen zu verbinden, wenn Sie zu Hause sind und Ihre Übungen und Gebete praktizieren.

Die Kraft des Gebets von vielen Menschen zur gleichen Zeit verändert das Bewusstseinsfeld. Es gibt Berichte von Orten, an denen die Kriminalität gesunken ist, nachdem Hunderte von Menschen an diesem Ort gemeinsam eine längere Zeit meditiert und gebetet haben. Ist das nicht eine wunderbare, kraftspendende Aussicht?

Ich selbst durfte Zeugin sein von dem wundervollen Gebetskreis in Abadiania in Brasilien. In der Casa von Joao de Deos sitzen Hunderte von Menschen in heller Kleidung und im Gebet und in Stille für viele Stunden verbunden. Als ich das vor einigen Jahren persönlich erleben durfte, haben mich die gemeinsamen Meditationen tief und erhebend zugleich berührt. Manchmal saß ich vier bis fünf Stunden am Stück im Current Raum (stiller Raum) mit vielen anderen, und die Zeit löste sich auf. Es war ein tiefes Eintauchen in den inneren Frieden, in die Hingabe an das innerste Göttliche, und dadurch konnten sich viele alte, noch nicht erlöste Erlebnisse zur Heilung und Entladung bewegen. Es war ein

Getragensein durch die gemeinsame Stille und Andacht und die Kraft der anwesenden göttlichen Wesenheiten und das Medium Joao. Nach diesem Aufenthalt, ich nenne ihn gerne »eine Reise in den Himmel und zurück«, konnte ich fühlen, wie der Kontakt zur geistigen Heimat noch viel leichter war.

Die geistige Verbindung mit dem Feld der Liebe und des Gebets blieb anhaltend, und so spüre ich auch heute noch in meinen Coachings und Seminaren diesen heilenden, mit Liebe erfüllten inneren Kontakt. Voller Dankbarkeit und innerer Demut erfreue ich mich an all dieser himmlischen Unterstützung. Auch wenn Sie nicht als Coach, Seminarleiter oder Heiler arbeiten, denken Sie daran: Sie alle, wir alle, jeder ist sein eigener bester Heiler. Denn der beste Coach und Therapeut kann Sie nur begleiten und unterstützen, Ihre Selbstheilungskräfte und Selbstregulation in sich selbst zu finden und zu stärken. Es ist die Rückkehr zur inneren Anbindung, das eigentliche wahre Zuhause, das jeder Mensch in sich trägt.

Der Weg dahin ist, den eigenen Herzensbewegungen vertrauen zu lernen und das Leben mit all seinen Höhen und Tiefen mit aller Liebe und Mitgefühl zu umarmen. Alles, was Sie in sich angenommen haben, können Sie auch bei Ihren Mitmenschen annehmen.

Selbstverständlich ersetzen das Coaching, die Bewusstseinsarbeit und feinstoffliche Seelenarbeit nicht eine medizinische Diagnose und Therapie. Sie können jedoch den Heilungsprozess stärken und fördern.

16. IHR KRAFT-TAGEBUCH – 21 TAGE AUF DEM WEG ZUM INNEREN HALT

Die folgenden Fragen, Anregungen, Zitate mögen Ihnen ein Wegweiser für Ihr persönliches Krafttagebuch sein. Durch die bewusste Reflexion am Abend eines Tages, in Bezug auf Ihre eigenen Ressourcen, Entwicklungen und Neuentdeckungen, können Sie sich motivieren, und Ihre innere Geborgenheit entwickelt sich stetig weiter.

Ich empfehle Ihnen, zuvor die bisherigen Kapitel zu lesen, da viele Begriffe und Impulse darin erklärt und verdeutlicht werden. Alle Fragen und Anregungen für die 21 Tage können Sie sich natürlich auch ganz individuell zusammenstellen und die Reihenfolge umstellen.

Viel Freude bei Ihrer Selbsterforschung und herzlich willkommen bei Ihrer individuellen Schatzkiste und Entdeckungsreise zu sich selbst!

1. Tag

Welche Gefühle, Erlebnisse konnte ich heute akzeptieren, einfach geschehen lassen, frei von Bewertung?

....

....

....

....

Welche innere Stärkung (Meditation, Gebet, Natur, Essen) tat mir heute gut?

....

....

....

....

Welche bewussten Entladungen konnte ich heute zulassen? (Dazu gehören alle Arten von emotionaler Lösung: Lachen, Freudenschreie, Tränen vor Erleichterung, Mitgefühl.)

....

....

....

....

Welche Ressource konnte ich heute bewusst in meinem Leben aufbauen, integrieren oder kennenlernen?

....

....

....

....

Was war heute meine größte Freude? Wie hat sich diese in meinem Körper angefühlt? Wie klingt sie jetzt noch nach?

....

....

....

....

2. Tag

Welcher heilende Satz hat mich heute durch den Tag begleitet? Gerne nehme ich ihn mit in den nächsten Tag.

....

....

....

....

Was konnte ich heute in mir in Liebe umarmen (Verhaltensweisen, Reaktionen, Eigenschaften, Gefühle)?

....

....

....

....

Wie habe ich heute das achtsame Fühlen in meinen Tagesablauf integriert (Meditation, Yoga, Umarmungen, Zeit für mich, vielleicht auf einer Parkbank oder bei einem Spaziergang im Wald)?

....

....

....

....

3. Tag

Welche innere Einkehr hat mir heute gutgetan und mir mehr inneren Halt geschenkt?

....

....

....

....

Was konnte ich heute für meine Selbstfürsorge tun (Ernährung, Meditation, Natur, Sport, Ruhe, Massage)?

....

....

....

Was war heute das Kraftvollste an meinem Tag? Was hat meine Energie aufgebaut? (Das kann alles sein: ein Treffen mit einer Freundin, eine Tasse Tee, ein Erfolgserlebnis, etwas Unerwartetes, ein Spaziergang in schöner Natur, Schwimmen im See, ein neuer Blick auf etwas.)

....

....

....

4. Tag

Welche alten, angehaltenen Bewegungen konnte ich heute bewusst entladen?

....

....

....

....

Was waren heute auffällige »Trigger«, also Auslöser, die ich aus früheren Situationen kenne, und welche neue Wahrnehmung oder Haltung konnte ich dazu einnehmen?

....

....

....

....

Mit welchem guten, stabilisierenden Gedanken möchte ich heute den Tag abschließen und zu mir zurückkommen?

....

....

....

....

5. Tag

Wo habe ich in den vergangenen Wochen oder Tagen meine Aufmerksamkeit hingelenkt, und was hat sich daraus entwickelt?

....

....

....

....

Ich erlaube mir heute, alle Liebe und Aufmerksamkeit zu mir zurückzuholen von dort, wo ich oft in Gedanken war – bei anderen oder an anderen Orten, in der Vergangenheit oder Zukunft.
Heute habe ich meine Eigenliebe, mein Geborgensein in den folgenden Momenten, Taten oder Gedanken gespürt:

....

....

....

....

6. Tag

Heute mache ich mir bewusst,
wie viele grenzenlose Schätze das Universum für mich bereithält!
Ich nehme sie mit Dankbarkeit und Liebe an!

Was habe ich heute durch die Begegnung mit ....
über mich erfahren?

....

....

....

....

Welche Form von Kreativität konnte ich heute leben?

....

....

....

....

7. Tag

Welches Ereignis, welche Erfahrung hat mich heute glücklich gemacht?
Wie konnte ich dieses im Körper spüren?
Ich spüre noch einmal diesem kostbaren Augenblick nach, mein Körpergedächtnis hat ihn sicher gut für mich gespeichert.

....

....

....

....

Diesen neuen kraftvollen Gedanken (Glaubenssatz) kann ich heute fühlen und über mich aufschreiben:

....

....

....

....

Jetzt bedanke ich mich bei mir selbst und schenke mir achtsam und liebevoll Anerkennung für meinen neuen fürsorglichen und stabilen inneren Halt.

8. Tag

Heute möchte ich mich bewusst mit anderen verbinden und frage mich: Wie kann ich .... (Name) heute eine Freude bereiten?

....

....

....

....

Woran merke ich, dass Gott mich behütet und führt?
Ich achte bewusst auch auf die »kleinen« Dinge des Lebens, die sich zu meinem Wohl zeigen und entwickeln.

....

....

....

Mit welcher Erkenntnis, neuen Gedanken, neuem Erleben oder Wahrnehmen über meinen inneren Halt beende ich diesen Tag?

....

....

....

....

9. Tag

Welche großartige Chance der Selbstachtung schenke ich mir heute?

....

....

....

....

Wann habe ich mich heute wunderbar auf meine Intuition verlassen?

....

....

....

....

Ich beende den Tag mit einem heilenden Lied oder Mantra, das mich stärkt und zur Ruhe kommen lässt.

10. Tag

Welchen Ort habe ich heute besucht, der mir Kraft und inneren Halt gab? In welcher Situation habe ich mich heute zu Hause und geborgen gefühlt?

....

....

....

....

....

Diese drei Glaubenssätze beherrschen meinen Geist. Heute schaue ich sie mir einmal näher an: Wo kommen sie her? Warum denke ich das? Gibt es einen Bezug zu meinem Erleben als Kind?

....

....

....

....

....

Wie fühlt es sich an, wenn ich diese Glaubenssätze einmal umformuliere, so wie ich es gerne hätte?
Ich notiere hier meine neuen Glaubenssätze aus der Sicht des selbstermächtigten erwachsenen Menschen.
(Bsp. Glaubenssatz alt: Nie mache ich etwas gut genug. Glaubenssatz neu: Ich gebe mein Bestes. Ich erledige meine Aufgaben mit Liebe und Freude, so gut ich kann.)

....

....

....

....

....

....

....

....

11. Tag

Wie konnte ich meine »Selbstfürsorge« heute bewusst in meinen Arbeitsalltag integrieren (Pausen, warme Mahlzeit, Bewegung, Umarmung)?

....

....

....

Welche bewusste Anbindung an mein göttliches, höheres Selbst konnte ich heute praktizieren (CD-Meditation, Gebet, Stille)?

....

....

....

....

Welche neuen Erfahrungen mache ich mit mir, wenn ich bewusst den inneren Halt spüre?
Was schenkt mir das für neue Freiheiten?

....

....

....

....

12. Tag

Gab es heute eine herausfordernde Situation, die ich glücklich und neu gelöst habe?

....

....

....

....

Heute öffne ich mein Herz der Liebe zu mir und der Liebe zu anderen und erkenne dadurch die große Weite und Selbstachtung in mir.

Welchem Herzensruf bin ich heute gefolgt?

....

....

....

....

13. Tag

Wie fühlt sich mein Körper heute an?
Welche Gefühle wollen in mir umarmt werden?

....

....

....

Ich atme tief und komme zur Ruhe in die Gegenwart.
Hier ist aller Frieden!

Ich schenke mir ein Lächeln und freue mich an meiner stetig reifenden Kraft und Intuition.

Welche Erlebnisse und Erfahrungen haben mich
heute irritiert und frustriert?

....

....

....

Ich spüre sie als Körperempfindung und erlaube mir, alles zu fühlen. Ich lasse die alte Geschichte dazu gehen. Wenn Traurigkeit, Frust oder Irritation auftaucht, fühle ich es, ohne es zu bewerten!

14. Tag

Jetzt achte ich ganz bewusst auf meinen Atem.

Welche drei Erfahrungen des Tages möchte ich besonders wertschätzen?

....

....

....

....

Ich schenke mir heute einen besonderen Abendausklang zur inneren Einkehr und Balance: Meditation, Schweigespaziergang, Yoga, Radfahren am See, Kräuterbad oder ...

15. Tag

Heute vergebe ich mir drei Situationen aus meiner Vergangenheit und bin jetzt bereit, sie in Liebe und Verständnis anzunehmen und zu umarmen.

....

....

....

....

Ich stärke mich mit folgender Selbstfürsorge:
Kreativität, Hobby, Essen, Tanzen ...

....

....

....

....

Ich lade heute oder morgen die folgenden lieben Freunde ein und beschenke sie mit einem leckeren Essen:

....

....

....

....

16. Tag

Ich schreibe heute einen »Liebesbrief« an mich, ich schreibe mir, was ich alles an mir mag, und danke mir für all den Mut und die neue Selbsterforschung!

Meine Ausgeglichenheit finde ich heute in:

....

....

....

....

Ich fühle meine tiefe Dankbarkeit für:

....

....

....

....

17. Tag

Ich verbinde mich jetzt mit einer inneren Kraftquelle!

Welche intuitiven Entscheidungen für mehr Wohlbefinden und inneren Halt standen heute bei mir an? Ich denke an die Kraft der Entscheidung!

....

....

....

....

Welche kraftvollen Gedanken stärken meinen neuen inneren Halt?

....

....

....

....

Ich erlaube mir, sie in meinem Geist in den nächsten Tagen immer leichter zu integrieren.

18. Tag

Ich fühle die Liebe,
die ich bin.

Ich umarme mit meiner ganzen Fürsorge und Liebe einen Aspekt in mir, der noch geliebt werden möchte.

....

....

....

....

Ich achte meine innere Weisheit
und folge und vertraue ihr.

19. Tag

Meine innere Klarheit konnte ich heute gut in folgender Situation erleben:

....

....

....

....

Meine neue Geborgenheit in mir auf dem Weg zur göttlichen Quelle kann ich auf folgende Weise fühlen:

....

....

....

....

20. Tag

Wann und in welchen Situationen konnte ich heute mein Leben genießen?

....

....

....

....

Welches unbeschwerte Erlebnis konnte ich mir heute schenken?

....

....

....

....

Wie und wann konnte ich Spiel, Spaß und fröhliches Lachen in mein gesellschaftliches Leben, in meine Arbeit oder zu Hause einbringen?

....

....

....

....

21. Tag

FREUDE entspringt dem Gefühl der tiefen Verbindung mit der göttlichen Quelle, dem großen Ganzen.

Heute feiere ich mein Leben – meine gereifte Entwicklung, meine Schöpferkraft, meinen Mut, zu mir zu stehen, und die Liebe, die alles umarmt.

Ich entscheide mich, all diese wertvollen Erfahrungen, die ich in den zurückliegenden 20 Tagen machen durfte, mit Dankbarkeit und Wertschätzung weiter fließen zu lassen! Und ich freue mich auf all die wundervollen neuen Lebenserfahrungen, die getragen sind durch meinen inneren Halt.

17. BEWUSSTES, ACHTSAMES SPÜREN – MEDITATION MIT DER CD

Viele meiner Schüler und Klienten haben immer wieder danach gefragt, wie sie das innere Fühlen und Erden auch zu Hause vertiefen können.

Gemeinsam mit Johannes Menge, einem jungen Musiker, der seit Jahren meine Arbeit kennt, kam die Idee auf, die so wichtige Bewusstseinsübung des inneren, achtsamen Spürens als CD zu produzieren. Mit Begeisterung und Freude und dem Getragensein aus der inneren Führung brachten Johannes und ich unsere Fähigkeiten zusammen. So können wir Ihnen heute dieses Geschenk überreichen und hoffen, dass es Sie kraftvoll unterstützt und Sie auf Ihrem Weg zu Ihrer inneren Mitte achtsam begleitet.

Ganz wichtig ist es auch, an dieser Stelle zu erwähnen, dass diese Übungen sowohl auf CD als auch in diesem Buch keinesfalls einen guten Traumatherapeuten, SE-Therapeuten oder Arzt ersetzen. Wenn Sie starke traumatische Erlebnisse hatten, brauchen Sie unbedingt persönliche, professionelle, ärztliche Begleitung.

Viele Frauen und Männer berichten mir, dass sie durch die regelmäßigen Entladungen und Zentrierungen – dank der CD – viel mehr ihren inneren Körper bewusst spüren, dass sie gut zur Ruhe und inneren Freude kommen. Das ist hilfreich auf dem Weg zur Selbstheilung.

Es ist gut, wenn Sie die CD-Übungen eine Weile regelmäßig durchführen, sie passen auch sehr gut zum 21-Tage-Weg. Auf diese Weise können Sie kraftvolle Ressourcen aufbauen und geben Ihrem Körpergedächtnis neues, heilsames »Futter« zur Selbstregulation.

Nehmen Sie die Worte und Anregungen an, die Ihnen gerade besonders guttun, die Sie unterstützen und mehr zu Ihrem Herzen und in die innere Aufrichtung begleiten. Und erfahren Sie die Stimme und Kraft der Worte als Melodie und Fluss, der Sie mitnimmt in die innere Welt.

Ihr höheres Selbst und Ihr Unterbewusstsein suchen sich das aus, was gerade wichtig und richtig für Sie ist. Alle anderen »Wortangebote«, die Sie gerade nicht ansprechen, lassen Sie einfach ziehen wie weiße Wolken am Himmel, oder überspringen Sie sie innerlich.

Sollten Sie einmal in eine tiefere Entladung kommen, können Sie jederzeit die Pause-Taste drücken und sich mehr Zeit und Raum geben, alles in Ihrem Tempo zu fühlen. Denken Sie daran: Ihr Inneres weiß, was für Sie besonders gut ist und in welchem Rhythmus.

Sehr sinnvoll und angemessen ist es, die Meditation sitzend auf einem geraden Stuhl zu praktizieren, damit Ihre Füße guten Bodenkontakt haben, und die Entladungswellen und die Erdung bis in die Füße gefühlt werden. Wählen Sie einen ruhigen, geschützten Raum – ohne Handy, Computer und WLAN. So können Sie die CD sehr individuell und angemessen für sich selbst nutzen.

Am Schluss kommt die herrliche Ausklanggitarrenmusik von Johannes Menge. Vielleicht möchten Sie an manchen Tagen dabei aufstehen, sich dazu bewegen und tanzen. Mit diesem inneren Schwung genießen Sie Ihren neuen Tag.

Ich freue mich sehr über Ihr Feedback zu Ihren Erfahrungen mit den Übungen im Buch und auf der CD. Schreiben Sie mir gerne eine kurze E-Mail, wenn Ihnen danach ist, an:
jacobsen-seminare@gmx.de

Auf meiner Webseite **www.mandakini-seminare.com** können Sie auch meinen Newsletter abonnieren, den ich regelmäßig mit Tipps und Informationen an Klienten, Partner und Interessierte versende. Hier finden Sie auch weitere CD-Meditationen, Publikationen und TV-Interviews.

18. ÜBERSICHT DER ÜBUNGEN UND SELBSTREFLEXIONEN:

19. AUSKLANG

Liebe Leserinnen und Leser, ich bin sehr berührt und begeistert, dass Sie dieses Buch für Ihre persönliche Entwicklung, Ihre innere Balance, vielleicht auch zur professionellen Weiterbildung gelesen haben und für sich selbst nutzen.

Ich freue mich sehr, wenn auch gerade die praktische Seite des Buchs, mit seinen vielen Anregungen und Übungen, Ihnen weiterhin stets ein wertvoller Begleiter sein kann.

Ich wünsche Ihnen gutes Gelingen, Gottes Segen für Ihr Leben und all das Spannende und Wundervolle, das sich entwickeln möchte.

Mit einem fröhlichen und passenden Lied einer lieben Herzensfreundin, Ute Ullrich, die selber durch viele Stürme des Lebens gegangen ist und heute eine begnadete deutsche Sängerin ist, möchte ich mein Buch beenden. In ihrem selbst geschriebenen Liedtext wird alles so wunderbar ausgedrückt, was ich Ihnen mit diesem Buch mit auf den Weg geben möchte …

JEDER AN SEINEM PLATZ

Ob Du alleine gehst oder mit der Herde ziehst
Woran Du glaubst und was Du denkst, wie Du liebst
Woher Du kommst, wer Du bist
Wie Du aussiehst, was Du isst
Wir treiben auf dem Fluss des Lebens

Was nur Dich selbst zum Klingen bringt
Auf Deine Weise mit Dir singt
Erzählt Dir jeder Tag aufs Neue

Und jeder an seinem Platz
Jeder auf seine Art
Jeder in seinem Laufschritt
Jeder, wie er es vermag
Und jeder in seiner Welt
Wohin es ihn auch trägt
Was uns Alle längst verbindet
Ist dieses Herz, das in uns schlägt

Ob Du wagst, riskierst
Auf der Überholspur fährst
Oder mehr auf sicher gehst, bescheiden lebst
Ob Du Dich im Haus verschanzt
Ob Du nachts im Regen tanzt
Was immer Du auch tust und lebst

Bist Du der Fels in Deiner Brandung
Der Grashalm, der sich wiegt
Bist Du der Mensch, der stets aufs Neue wieder liebt

Und jeder an seinem Platz
Jeder auf seine Art
Jeder in seinem Laufschritt
Jeder, wie er es vermag
Und jeder in seiner Welt
Wohin es ihn auch trägt
Was uns Alle längst verbindet
Ist dieses Herz, das in uns schlägt

Ute Ullrich, Itzehoe/Schleswig Holstein
www.uteullrich.com

Auf You Tube können Sie das Lied auch im Original anhören.

ZUR AUTORIN

Christiana Mandakini Jacobsen ist seit über 30 Jahren erfolgreiche NLP-Lehrtrainerin und anerkannte Systemaufstellerin der Deutschen Gesellschaft für Systemaufstellungen (DGfS) sowie Paarcoach der Neuen Zeit in ihrer Praxis am Bodensee.
Sie ist Autorin und Referentin auf zahlreichen Kongressen deutschlandweit und im Ausland.
In ihrer professionellen Arbeit schöpft sie aus weiteren unterschiedlichen und fundierten Ausbildungen:

- Weiterbildung in der SE-Arbeit nach Peter Levine
- Feinstoffliche Heilarbeit nach Linda Vielau
- Organisationsaufstellung nach Gunther Weber
- Hellseherausbildung bei Raphael Waynant (Hawaii)
  sowie zahlreiche spirituelle Schulungen und Begegnungen in Ost und West.

In ihren Seminaren, Coachings und Erlebnisvorträgen vermittelt sie erlösende Leichtigkeit aufgrund der eigenen Tiefe und Transformationen. Seelenwissen, Erfahrungswissen und fundierte Ausbildungen verbinden sich bei ihr zu einem wertvollen Ausdruck des Seins. Ihr Wirken ist getragen und geführt durch ihre innere Anbindung an die göttliche Führung und ihre medialen Fähigkeiten.

Christiana Mandakini Jacobsen, Expertin im Single- und Paarcoaching der Neuen Zeit, begleitet ihre Leserinnen und Leser auf ihrem Weg hin zur Kraft der inneren Mitte. Mit Herz und Professionalität öffnet sie ihnen neue Tore zu tiefem inneren Halt. Sie schenkt ihnen Mut, alte Strukturen loszulassen und neue Wege zu beschreiten. Sie nimmt ihre Leser, Männer wie Frauen aller Altersstufen, mit auf Entdeckungsreise in die Liebe und Kraft der Neuen Zeit, bei der die Selbstfürsorge und Eigenliebe mehr in den Mittelpunkt rücken.

Christiana Mandakini Jacobsen ist glückliche Mutter von zwei erwachsenen Kindern und Großmutter eines Enkelsohns.

Sie hat sowohl in ihrem eigenen persönlichen Leben wie auch in ihrem langjährigen beruflichen Wirken tiefe Prozesse und Transformationen durchlebt. Ihr tiefstes Herzanliegen ist es, Männern und Frauen die verbindliche Liebesbeziehung zu sich selbst und zum anderen als ein Tor zum spirituellen Erwachen aufzuzeigen.

In diesem inneren Erwachen reifen die bedingungslose Liebe und das Mitgefühl für uns alle.

KONTAKT:

Liebe Leserin, lieber Leser, gerne begleite ich Sie ein Stück auf Ihrem Weg und freue mich, wenn Sie durch das Buch und die Morgenmeditation gestärkt und ermutigt sind. Wenn Sie Fragen haben oder mehr individuelle Begleitung wünschen, schreiben Sie mir gerne, und wir schauen gemeinsam, welche Ressourcen, Talente und Fähigkeiten noch in Ihnen zur Entfaltung kommen möchten.

Christiana Mandakini Jacobsen
Jacobsen-seminare@gmx.de
www.mandakini-seminare.com

ICH DANKE ...

meinen geliebten Eltern, die mit all ihrer Liebe und Kraft immer an mich geglaubt haben. Ich danke Ihnen auch, dass sie mir die Welt der Bücher und die Schönheit der Sprache eröffnet haben. So widme ich Ihnen von Herzen dieses Buch.

der göttlichen Führung, die mich stets begleitet und mir den wundervollen Weg bereitet.

meinen wundervollen erwachsenen Kindern, meinem Sohn Marco – mit seiner Partnerin Anka und meinem ersten Enkelsohn Rafael – und meiner Tochter Sakina, die alle mein Herz mit großer Freude und Dankbarkeit erfüllen.

allen wundervollen Schülern und Klienten aus 30 Jahren gemeinsamer Arbeit, die sich mir mit all ihrem Schicksal und ihrer Verletzlichkeit gezeigt und anvertraut haben. Die bereit waren, sich ihren ressourcenvollen Entwicklungen zu öffnen. Ohne diese vielen wundervollen Begegnungen mit den Männern und Frauen der Neuen Zeit wäre das Buch nicht entstanden.

den zahlreichen Lifetrainer-Schülern der vergangenen 16 Jahre, mit denen ich mich auch als Trainerin stetig mitentwickeln durfte.

Johannes Menge, Musiker und Produzent, Lifetrainer-Schüler, der die Freude und Begeisterung mit mir geteilt hat, die neue Meditations-CD in diesem Buch zu produzieren. Seine wunderbare Musik und unsere Zusammenarbeit waren getragen von kraftvoller innerer Führung und großer Freude.

allen menschlichen und geistigen Begleitern, Liebespartnern, Freunden, Kollegen, Lehrern und spirituellen Lehrern und geistigen göttlichen Helfern, die mich durch all die Stürme des Lebens begleitet und auf meinem Weg sehr inspiriert haben.

Anja Kalk – für ihr wundervolles, freudiges, unermüdliches erstes Korrekturlesen.

Thomas Schmelzer – für unsere wunderbare Herzensfreundschaft und seine großartige Kongress- und Netzwerkarbeit, durch die ich auch mit dem Verlag in Kontakt kam. Ich bin sehr dankbar für all seine kraftvollen Interviews mit mir auf Mystica TV, durch die auch viele Menschen den Weg zu mir und meiner Arbeit finden: www.mystica.tv

Dagmar Olzog (Scorpio Verlag) und *Andrea Löhndorf* (Programmleitung Trinity Verlag), mit denen die Zusammenarbeit sehr erfrischend, kreativ und entspannt geflossen ist. – Ihr habt meine Freude und Begeisterung für das Schreiben mit Eurer herzlichen und liebevollen Begleitung sehr motiviert. Danke von Herzen.

Ursula Kollritsch, meiner Lektorin, die mit ihrer einfühlsamen und kreativen Arbeit das Buchprojekt sehr liebevoll und professionell begleitet hat.

dem *TRINITY Verlag* – Verleger *Christian Strasser* und Geschäftsleitung *Anne Petersen* – für die vertrauensvolle Offenheit und große Unterstützung der Buchveröffentlichung.

Ute Ullrich – für ihre liebe Herzensfreundschaft und ihren wunderbaren Liedtext »Jeder an seinem Platz«, der das zusammengefasste Finale dieses Buchs bildet.

Katharina Kraus von Seelenportraits – für ihre liebevolle Herzensfreundschaft, ihr tolles, inspirierendes Fotoshooting mit mir und dem daraus entstandenen schönen Cover.

ZITATE IM TEXT

1 Hölderlin, Friedrich: *Sämtliche Werke*. Band 2. Stuttgart 1953, S. 191ff.

2 Bader, Silke: *Engel antworten Dir aus der Quelle der Liebe,* Aitrang 2006, S. 48.

3 Tolle, Eckhart: *Eine neue Erde*. München 2005.

4 Levine, Peter A.: *Vom Trauma befreien*. München 2011, S. 43.

5 Grüber, Isa (Dr.): *Was der Körper zu sagen hat*. Murnau am Staffelsee, S. 58.

6 Schmelzer, Thomas: *Die Stille in mir.* Ramerberg 2017, S. 85.

7 Ebd., S. 85

8 Amidon, Elias: *The Open Path. Der Weg zum offenen Gewahrsein*. Bielefeld 2017.

9 Deletz, Bodo, in: www.vigeno.de.

10 https://wiki.yoga-vidya.de.

11 In: Web-Community »Garten der Liebe«.

12 Ayach, Leila Eleisa: *Seelenverträge. Absprachen in Liebe*. Dierdorf 2010.

13 Yogananda, Paramahansa und Kriyananda, Swami: So spricht Yogananda. In: *The Essence of Self-Realization.* München 1992.

14 Aus dem Gebetsbuch der Casa von Joao de Deous, aus Abadiana, Brasilien.

15 Ebd.

LITERATURVERZEICHNIS

Bader, Silke: *Engel antworten Dir aus der Quelle*. Windpferd Verlag, Aitrang 2006

Chapman, Gary: *Die fünf Sprachen der Liebe*. Francke Verlag, Marburg 2012

Gruber, Isa (Dr.): *Was der Körper zu sagen hat*. Mankau Verlag, Murnau am Staffelsee 2017

Krech, Gregg: *Die Kraft der Dankbarkeit*. Theseus Verlag, Berlin 2003

Levine, Peter: *Vom Trauma befreien*. Kösel Verlag, München 2009

Nydahl, Lama Ole: *Buddha und die Liebe*. MensSana Verlag Knaur, München 2005

Rothschild, Babette: *Der Körper erinnert sich*. Synthesis Verlag, Essen 2002

Schmelzer, Thomas: *Die Stille in mir*. Echnaton Verlag, München 2016

Selby, Dick: *Joao de Deus und die Casa der Liebe*. Lichtfluss Verlag, Wintertur 2015

Tolle, Eckhart: *Eine neue Erde*. Goldmann Verlag, München 2005

Villoldo, Alberto und Perlmutter, David: *Das erleuchtete Gehirn*. Goldmann Verlag, München 2011

EMOTIONALE MUSKELN FÜR SCHWIERIGE ZEITEN

Gebunden mit Schutzumschlag, 296 Seiten
ISBN 978-3-95550-221-8

Ein gutes Leben zu haben bedeutet nicht, niemals schwierige Zeiten zu erleben. Es bedeutet, zu lernen, wie wir stärker daraus hervorgehen. Dafür brauchen wir »emotionale Muskeln«, die uns befähigen, uns mit Kraft aus der Krise zu erheben. Bestsellerautorin Marianne Williamson zeigt, dass jedem Schmerz eine Botschaft innewohnt. Wenn wir ihrem Ruf folgen, wird es uns gelingen, glücklicher und weiser zu leben.

TRINITY